essentials

essentials liefern aktuelles Wissen in konzentrierter Form. Die Essenz dessen, worauf es als „State-of-the-Art" in der gegenwärtigen Fachdiskussion oder in der Praxis ankommt. *essentials* informieren schnell, unkompliziert und verständlich

- als Einführung in ein aktuelles Thema aus Ihrem Fachgebiet
- als Einstieg in ein für Sie noch unbekanntes Themenfeld
- als Einblick, um zum Thema mitreden zu können

Die Bücher in elektronischer und gedruckter Form bringen das Expertenwissen von Springer-Fachautoren kompakt zur Darstellung. Sie sind besonders für die Nutzung als eBook auf Tablet-PCs, eBook-Readern und Smartphones geeignet. *essentials:* Wissensbausteine aus den Wirtschafts-, Sozial- und Geisteswissenschaften, aus Technik und Naturwissenschaften sowie aus Medizin, Psychologie und Gesundheitsberufen. Von renommierten Autoren aller Springer-Verlagsmarken.

Weitere Bände in der Reihe http://www.springer.com/series/13088

Uwe Eisenbeis · Andrea Bohne ·
Ina Andrea Busch · Eva Falkenmayer ·
Franziska Freudenberg · Samuel Fries ·
Lukas Huber · Thomas Rausch

Spin-off als Organisationskonzept

Eine Systematisierung und Fallbeispiele für die Geschäftsmodellinnovation

Uwe Eisenbeis
Hochschule der Medien
Stuttgart, Deutschland

Andrea Bohne
Hochschule der Medien
Stuttgart, Deutschland

Ina Andrea Busch
Hochschule der Medien
Stuttgart, Deutschland

Eva Falkenmayer
Hochschule der Medien
Stuttgart, Deutschland

Franziska Freudenberg
Hochschule der Medien
Stuttgart, Deutschland

Samuel Fries
Hochschule der Medien
Stuttgart, Deutschland

Lukas Huber
Hochschule der Medien
Stuttgart, Deutschland

Thomas Rausch
Hochschule der Medien
Stuttgart, Deutschland

ISSN 2197-6708   ISSN 2197-6716   (electronic)
essentials
ISBN 978-3-658-28523-4   ISBN 978-3-658-28524-1   (eBook)
https://doi.org/10.1007/978-3-658-28524-1

Die Deutsche Nationalbibliothek verzeichnet diese Publikation in der Deutschen Nationalbibliografie; detaillierte bibliografische Daten sind im Internet über http://dnb.d-nb.de abrufbar.

Springer Gabler ist ein Imprint der eingetragenen Gesellschaft Springer Fachmedien Wiesbaden GmbH und ist ein Teil von Springer Nature.
Die Anschrift der Gesellschaft ist: Abraham-Lincoln-Str. 46, 65189 Wiesbaden, Germany

Was Sie in diesem *essential* finden können

- Grundlageninformationen zum Thema Spin-off und Geschäftsmodellinnovation
- Typen und Modelle von Spin-offs im Überblick
- Phasen und Meilensteine im Spin-off-Prozess
- Erfolgsfaktoren relevanter Rahmen- und Gestaltungsbedingungen
- Hinweise und Handlungsempfehlungen für die Gestaltung von Spin-offs

Die mitwirkenden Studierenden des IPW (Interdisziplinäres Projekt Wirtschaft), Studiengang Medienwirtschaft an der Hochschule der Medien

Jasmin Ade, Tanja Auer, Verena Bierig, Ann-Kathrin Bockniac, Musa Bunici, Ina Andrea Busch, Ellen Dollimore, Selina Eckert, Karolin Fischer, Franziska Freudenberg, Christina Geissler, Anna Haas, Jasmin Hofer, Asli Kaymaz, Paul Kowalyk, Melanie Kümmerle, Isabell Leutbecher, Sonja Lieu, Anna Maljas, Shatlas Olondo, Betül Özcan, Daniel Ploschka, Thomas Rausch, Annika Rieger, Mara-Sophie Roßberg, Radwan Saad, Tamara Schick, Eduard Schlosser, Annegret Schmucker, Larissa Schoenenberg, Mirjam Thumbeck, Anna-Maria Weiher.

Vorwort

„Are You Ready To Spin? Das Spin-off als Organisationskonzept für die Geschäftsmodellinnovation." – so lautete das Thema des IPW (Interdisziplinäres Projekt Wirtschaft, Studiengang Medienwirtschaft) im Sommersemester 2016 an der Hochschule der Medien in Stuttgart.

Die insgesamt 32 Studierenden des Forschungsprojektes waren „ready to spin", sowohl im Sinne von motiviert, sich intensiv mit dem Thema auseinanderzusetzen, als auch engagiert, bei der Durchführung a) eines systematischen Literaturreviews von 86 wissenschaftlichen Journalartikeln zum Thema Spin-off-Gründung und Geschäftsmodellinnovation sowie b) einer Reihe qualitativer Experteninterviews – im damaligen Fall speziell für den Anwendungsfall in Medienunternehmen. Die Ergebnisse wurden im Rahmen der MediaNight der Hochschule nicht nur vorgestellt, sondern auch im Rahmen einer Podiumsdiskussion mit Experten diskutiert.

Das Thema hat ein kleines Forscherteam jedoch auch danach nicht losgelassen. Dabei hat sowohl ein mehrstufiger Verdichtungs- und Systematisierungsprozess stattgefunden, aus dem das Folgende hervorgegangen ist:

1. eine Systematisierung möglicher Typen und Modelle von Spin-offs
2. ein idealtypischer Spin-off-Prozess mit Phasen und Meilensteinen
3. eine Zusammenstellung von Herausforderungen und Hindernissen, die in Erfolgsfaktoren für den Spin-off-Prozess münden
4. zwei Fallstudien, um den Spin-off-Prozess anhand konkreter Beispiele nachzuvollziehen und erlebbar zu machen

Die Arbeit des Forscherteams hat inzwischen zu unterschiedlichen Vorträgen und Veröffentlichungen geführt. Auch die Publikation, die Sie in den Händen halten, ist aus dieser weiteren wissenschaftlichen Beschäftigung mit dem Thema entstanden. Herausgekommen ist in diesem Fall eine Handreichung für alle, die sich einen ersten Überblick über den Einsatz von Spin-offs als Organisations- sowie Strukturkonzept zur Geschäftsmodellinnovation sowie zur Gestaltung der Spin-off-Gründung verschaffen möchten. Im Speziellen wendet sich die Publikation an Praktiker, die die Gründung eines Spin-offs in Erwägung ziehen.

Alle Kapitel schließen mit zusammenfassenden Checklisten. Diese Checklisten sollen dabei helfen, dass im Spin-off-Prozess (bei der Ausgründung) keine wichtigen Aspekte und/oder Entscheidungsbereiche übersehen werden.

Wir danken allen Experten, die am Projekt mitgewirkt haben, sowie insbesondere den Unternehmen, die mit den beiden Fallstudien diese Publikation bereichert haben – namentlich Herrn Philipp Haußmann, Vorstandssprecher der Ernst Klett AG für die Fallstudie zur PONS GmbH (als Spin-off der Klett Verlagsgruppe) sowie Herrn Frank Haiges, Geschäftsführer und Managing Director der MELO Group GmbH & Co.KG für die Fallstudie zur Blogfabrik GmbH & Co. KG (als Spin-off der MELO Unternehmensgruppe). Besonderer Dank gebührt den Studierenden des IPW – alle sind namentlich auf Seite VI dieses *essentials* genannt – sowie Marlen Döhnert und Elaine S. Kohler für die Schlussredaktion.

Wir wünschen eine interessante Lektüre und fragen – spätestens am Ende des Textes selbstverständlich auch Sie: „Are You Ready To Spin?"

Stuttgart   Das Autorenteam
im September 2019

Inhaltsverzeichnis

Spin-offs als Organisationskonzept: Warum und wie?   1

Ein seit Jahren zentraler Themenbereich in der managementorientierten Betriebswirtschaftslehre – in Theorie und Praxis – ist der Bereich „Geschäftsmodelle" oder „Business Models". Betrachtet man die entsprechende wissenschaftliche Auseinandersetzung, fällt auf, dass seit dem Jahr 2000 ein massiver Anstieg an in wissenschaftlichen Journals publizierten Beiträgen zu verzeichnen ist (vgl. Lambert und Davidson 2013). Ebenso ist die Entstehung vieler der heute in der Unternehmenspraxis verwendeten Werkzeuge – zum Beispiel der Business Model Canvas von Osterwalder und Pigneur (2011) – nach dem Jahr 2000 zu verorten.

Faszination und Relevanz des Themenbereiches „Geschäftsmodelle", und dabei insbesondere das Thema **„Geschäftsmodellinnovation",** sind nach wie vor ungebrochen. Dies liegt offensichtlich – so wird in der Literatur argumentiert – an aktuellen Herausforderungen und Megatrends: von zunehmender Dynamik und Wettbewerbsintensität auf den Märkten, über die immer stärkere Durchdringung aller Wirtschaftsbereiche durch Informations- und Kommunikationstechnologien, bis hin zu sogenannten disruptiven Marktveränderungen in den verschiedensten Bereichen (vgl. z. B. Petroni et al. 2012; Simmons et al. 2013). Geschäftsmodelle müssen demnach in nahezu allen Branchen angepasst oder sogar völlig neu entwickelt werden.

Die im Themenbereich „Business Models" veröffentlichten Beiträge verschieben sich hinsichtlich ihrer Themenschwerpunkte von zunächst technologieorientierten Beiträgen aktuell hin zu vermehrt strategie- und organisationsrelevanten Beiträgen (vgl. Wirtz et al. 2016).

Es geht also verstärkt um die Frage: **Wie lässt sich Geschäftsmodellinnovation organisieren?** Dieser Frage geht auch die vorliegende Publikation nach: Dabei geht es nicht um die Frage, wie der Prozess, Innovationen auszulösen, organisiert und im Unternehmen verankert sein soll. Ebenso geht es nicht

© Springer Fachmedien Wiesbaden GmbH, ein Teil von Springer Nature 2020   1
U. Eisenbeis et al., *Spin-off als Organisationskonzept*, essentials,
https://doi.org/10.1007/978-3-658-28524-1_1

um die Frage, wie Ideen generiert werden können, beziehungsweise wie Kreativprozesse in Unternehmen gestaltet werden können. Vielmehr geht es darum, Entscheidungshilfen und Handlungsempfehlungen für Unternehmen zu präsentieren, die sich bereits für die Gründung eines Spin-offs zur Umsetzung (und Vermarktung) der Innovation für das Organisationskonzept des Spin-offs entschieden haben (oder zumindest die Gründung eines Spin-offs in Erwägung ziehen) und nun **über die organisatorische Umsetzung nachdenken.**

Es handelt sich demnach bei dieser Publikation um eine **Handreichung zum Einsatz von Spin-offs als Organisations- sowie Strukturkonzept zur Geschäftsmodellinnovation** sowie zur Gestaltung der Spin-off-Gründung. Somit wird auch hier die Strategie- und Organisationsperspektive eingenommen: Zielsetzung des Beitrags ist es, Spin-offs als Weg zur/der Geschäftsmodellinnovation zu beschreiben sowie Unternehmen erste **Hinweise und Handlungsempfehlungen für die Gestaltung von Spin-offs** anzubieten.

Aus dem State-of-the-Art zur wissenschaftlichen Beschäftigung mit den Aspekten „Geschäftsmodellinnovation" und „Spin-off" sowie aus der Unternehmenspraxis werden dabei vier Aspekte abgeleitet und aufbereitet:

1. Die Differenzierung möglicher **Typen und Modelle von Spin-offs,** um eine Einordnung der eigenen Situation vornehmen zu können oder die Entscheidung für das Organisationskonzept Spin-off zu validieren (Kap. 3).
2. Einen idealtypischen **Spin-off-Prozess,** der mit seinen vier Phasen und zwei Meilensteinen Orientierung geben soll (Kap. 4).
3. Eine Zusammenstellung von Herausforderungen und Hindernissen, die in **Erfolgsfaktoren** relevanter Rahmen- und Gestaltungsbedingungen mündet, um den Spin-off-Prozess möglichst erfolgreich zu gestalten (Kap. 5).
4. **Zwei Fallstudien** (PONS GmbH als Spin-off der Klett Verlagsgruppe sowie Blogfabrik GmbH & Co. KG als Spin-off der MELO Unternehmensgruppe), um Gründe, Herausforderungen und Erfolgsfaktoren von Spin-off-Prozessen an konkreten Beispielen erlebbar zu machen (Kap. 6 und 7).

Die Kap. 3 und 4 sowie die vier Abschnitte in Kap. 5 werden jeweils mit einer **Checkliste** abgeschlossen. Somit besteht die Möglichkeit, die eigene Situation zu bewerten und es wird sichergestellt, dass im Spin-off-Prozess nichts Wichtiges vergessen wird.

Geschäftsmodellinnovation als Herausforderung und Spin-off als Lösung

2

Eine Geschäftsmodellinnovation kann 1) sowohl als Weiterentwicklung des bereits existierenden Geschäftsmodells (Markides 2006) als auch 2) als Entwicklung eines völlig neuen Geschäftsmodells (Casadesus-Masanell und Zhu 2013) verstanden werden (Abb. 2.1).

Die **Weiterentwicklung des Geschäftsmodells** hat in der Praxis wie auch in der Forschung an Bedeutung gewonnen (z. B. Bouncken und Fredrich 2016; Berglund und Sandström 2013; Spieth et al. 2014). Es erfolgt in diesem Fall eine Anpassung in einem oder mehreren der Bestandteile des Geschäftsmodells (vgl. Gassmann et al. 2013, S. 6) – im Leistungsmodell (Was wird dem Kunden als Leistung angeboten?), im Wertschöpfungsmodell (Wie wird die Leistung hergestellt?) und/oder im Ertragsmodell (Wie wird Wert erzielt?). Dabei eignet sich das Organisationskonzept des Spin-offs insbesondere bei größeren Veränderungen in Leistungs- und/oder Wertschöpfungsmodell. Lambert und Davidson (2013) stellen zum Fokusthema „Geschäftsmodellinnovation" zusammenfassend fest, dass „business model innovation has a focus on business model change, the motivation for change and the key to successful change.".

▶ **Geschäftsmodellinnovation** Geschäftsmodellinnovation kann sowohl inkrementell, als Weiterentwicklung des bereits existierenden Geschäftsmodells, erfolgen als auch disruptiv, als Entwicklung eines völlig neuen Geschäftsmodells.

Aufgrund disruptiver Technologien und Marktveränderungen sehen sich (insbesondere technologiebasierte) Unternehmen aber auch vor der Herausforderung, **gänzlich neue Geschäftsmodelle zu entwickeln,** um nicht vom Markt verdrängt zu werden (Chesbrough und Rosenbloom 2002). Dazu eignen sich ebenfalls Spin-offs, da hierbei unter anderem auch Geschäftsmodelle entwickelt werden

© Springer Fachmedien Wiesbaden GmbH, ein Teil von Springer Nature 2020
U. Eisenbeis et al., *Spin-off als Organisationskonzept*, essentials,
https://doi.org/10.1007/978-3-658-28524-1_2

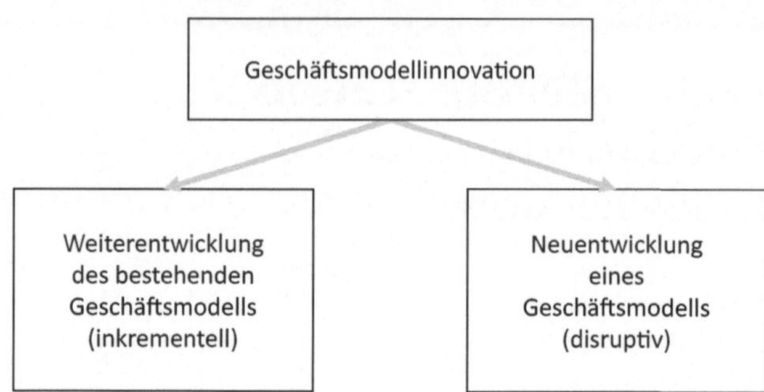

Abb. 2.1 Inkrementelle und disruptive Geschäftsmodellinnovation

können, die außerhalb des Kerngeschäfts eines Unternehmens liegen (Dahlstrand 1997). Es ist demnach vor allem immer wieder die Abspaltung von Geschäftseinheiten (Spin-offs), welche als Vorgehensweise genannt wird, um ein Geschäftsmodell zu innovieren (z. B. Chesbrough und Rosenbloom 2002).

Die so entstehenden **Spin-offs** sind rechtlich eigenständige Einheiten, die aus einer (größeren) etablierten Mutterorganisation hervorgehen (Steffensen et al. 2000). Spin-offs entstehen in der Regel als Ausgliederungen oder durch (Neu-) Kooperation von Unternehmen, gelten daher als eine spezifische Form der Existenzgründung (Buenstorf und Fornahl 2009, S. 352) und werden meist von einer Gruppe von Gründern aus der Muttergesellschaft ins Leben gerufen (Buenstorf und Fornahl 2009, S. 351).

▶ **Spin-off** Spin-offs sind rechtlich eigenständige Einheiten, die aus einer (größeren) etablierten Mutterorganisation als Ausgliederungen oder durch (Neu-) Kooperation hervorgehen. Sie werden meist von einer Gruppe von Gründern aus der Muttergesellschaft ins Leben gerufen und sind somit als spezifische Form der Existenzgründung zu verstehen.

Varianten und Systematisierung von Spin-offs 3

Aus der Literatur heraus lässt sich vor allem eine Einteilung 1) nach der zentralen **Organisationsform** und dem **Grad der Selbstständigkeit** des Spin-offs sowie 2) nach den zentralen **inhaltlichen Gründen** und der **Dinglichkeit** beziehungsweise der **Herkunftsrichtung des Treibers** für die Spin-off-Gründung und den Innovationsauslösern vornehmen (Abb. 3.1).

Hinsichtlich der **Organisationsform und des Grades der Selbstständigkeit** sind Spin-offs anhand von Kooperationsformen zu differenzieren: Neben der Gründung eines völlig **autarken Spin-offs** werden in vielen Fällen (zumindest kurz- oder mittelfristig) **Kooperationen mit der Muttergesellschaft** institutionalisiert und gepflegt. Auch über **Kooperationen mit Partnern,** wie Lieferanten oder Kunden, können Ressourcen gemeinsam genutzt oder Synergien geschaffen werden. Für gewöhnlich kooperieren in solchen Fällen Unternehmen unterschiedlicher Wertschöpfungsstufen beziehungsweise aus unterschiedlichen Branchen miteinander. Zudem sind Kooperationen mit Hochschulen und Forschungseinrichtungen möglich. Auch **Kooperationen mit der Konkurrenz** gewinnen zunehmend an Bedeutung. Diese Form der Kooperation, auch Coopetition genannt, wirkt zunächst paradox, da Firmen zugleich konkurrieren und kooperieren. Bei einer Coopetition gründen die betroffenen Konkurrenzunternehmen gemeinsam ein Spin-off. Die dahinterliegende Motivation ist die gemeinsame Nutzung von Ressourcen, die dem jeweils anderen alleine nicht zur Verfügung stünden. Mögliche Gründe für die Zusammenarbeit könnte eine Erhöhung der Marktanteile oder die Erschließung völlig neuer Märkte sein. Zudem versuchen Unternehmen auf diese Weise ihren Ressourcenverbrauch zu reduzieren oder die vorhandenen Ressourcen effizienter zu nutzen.

Mit dem Grad der Selbstständigkeit beschäftigt sich auch die Frage nach der **Herkunft der Ressourcen** und insbesondere nach der **Finanzierung** – dabei wird nach sogenannten „gesponserten" und „nicht gesponserten" Spin-offs

© Springer Fachmedien Wiesbaden GmbH, ein Teil von Springer Nature 2020

U. Eisenbeis et al., *Spin-off als Organisationskonzept,* essentials,

https://doi.org/10.1007/978-3-658-28524-1_3

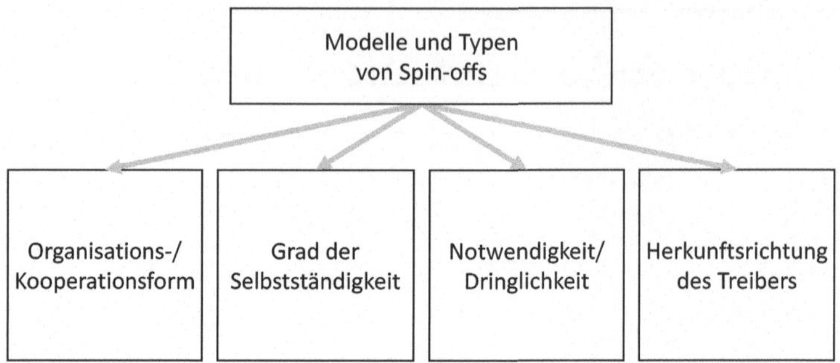

Abb. 3.1 Systematik zur Differenzierung von Spin-off-Modellen und -Typen

differenziert (Bathelt et al. 2010). Bei gesponserten Spin-offs wird weiterhin in drei Modelle unterschieden (Clarysse et al. 2005; Lockett et al. 2005):

1. das „low-selective-model"
2. das „supportive-model"
3. das „inkubator-model"

Nicht gesponserte Spin-offs sind sowohl finanziell als auch hinsichtlich weiterer Ressourcen unabhängig von der Mutterinstitution (Clarysse et al. 2005). Im Fall **gesponserter Spin-offs** ist die Beziehung zwischen Spin-off und Mutterinstitution deutlich intensiver: Das Spin-off wird (weiterhin) von der Mutterinstitution durch gemeinsame Nutzung von Ressourcen oder Beratung unterstützt (Bathelt et al. 2010). Hierbei kann der Grad der Selbstständigkeit (Grad der finanziellen Unterstützung sowie weiterer zur Verfügung gestellter Ressourcen seitens der Mutterorganisation) in drei Stufen differenziert werden: Das **low-selective-model** ist am wenigsten selbstständig. Spin-offs dieser Kategorie verfügen nur über wenige eigene Ressourcen und stehen der Mutterinstitution sowohl räumlich als auch in Bezug auf die unternehmerische Mission sehr nahe. Das **supportive-model** verfügt, im Vergleich zum vorangegangenen Modell, über einen höheren Grad an Selbstständigkeit aufgrund eines größeren Umfangs eigener Ressourcen. Daraus ergibt sich für das Spin-off auch unmittelbar die Notwendigkeit profitabel zu wirtschaften. Das **incubator-model** weist, verglichen mit den anderen Modellen, den höchsten Grad eigener Ressourcen und Selbstständigkeit auf. Daraus ergibt sich, dass Spin-offs dieses Modells selbstständig handeln dürfen und müssen, damit aber auch autark existieren können müssen.

Hinsichtlich der **inhaltlichen Gründe** sind drei Ziele zu unterscheiden:

1. das Ziel der Entwicklung neuer Technologien oder allgemein der **Produktneuentwicklung** (bei der Geschäftsmodellinnovation dem Bereich des Leistungsmodells zuzuordnen)
2. das Ziel der **Diversifikation** beziehungsweise der **Erschließung neuer Märkte** (Dahlstrand 1997)
3. das Ziel der **Umstrukturierung** (bei der Geschäftsmodellinnovation dem Bereich des Wertschöpfungsmodells zuzuordnen)

Sollen neue Produkte oder Dienstleistungen entwickelt, das Risiko für das Mutterunternehmen dabei jedoch minimiert werden, bietet sich die Gründung eines Spin-offs an. Im Rahmen der **Neuentwicklung von Technologien sowie der Neuentwicklung von Produkten oder Dienstleistungen** führt die Neuordnung der Ressourcen des Mutterunternehmens und des Spin-offs zu Synergien. Um Innovationen nicht nur hervorzubringen, sondern diese auch zur Marktreife zu bringen und am Markt erfolgreich zu machen, ist unter anderem Kreativität notwendig. Dies wird möglich vor dem Hintergrund, dass im Spin-offs mehr Raum für neue Ideen zur Verfügung steht (Parhankangas und Arenius 2003), da bisherige Strukturen und Abläufe durchbrochen werden können und kein bestehendes Tagesgeschäft weitergeführt werden muss. Beispielsweise könnten (kreative) Projekte ausgegliedert werden, um die Vorteile einer freien und flexiblen Arbeitsweise oder agilere Innovationszyklen zu nutzen. Hinzu kommt, dass die Entwicklung neuer Produkte oder Dienstleistungen im Spin-off auch außerhalb des angestammten Kerngeschäfts der Mutterorganisation erfolgen kann, ohne den Gefahren einer zu starken Diversifizierung, beispielsweise der Verwässerung des Kerngeschäfts und der Marke, ausgesetzt zu sein. Im Falle eines Misserfolgs in den neuen (Produkt-)Bereichen des Spin-offs ist somit auch gewährleistet, dass das operative Geschäft des Mutterunternehmens nicht tangiert wird und auch ein Imageverlust des Stammhauses kann vermieden werden.

Ähnlich kann auch im Hinblick auf die **Diversifikation** in neue Märkte durch Spin-offs argumentiert werden. Zunächst einmal können **neue Märkte erschlossen** werden, die zuvor nicht vom Mutterunternehmen bedient wurden (Dahlstrand 1997). Ebenso können neue Kundensegmente angesprochen werden (Lin 2006). Im Spin-off kann – losgelöst vom angestammten Kerngeschäft der Mutterorganisation – neues Know-how aufgebaut und über neue Märkte nachgedacht werden. Die rechtliche und gegebenenfalls auch räumliche Trennung sorgen für niedrigere Marktaustrittsbarrieren und verhindern negative Auswirkungen auf die Mutterorganisation im Misserfolgsfall. Scheitert die Neu-Unternehmung, fällt in der Regel kein großer Schaden auf das Mutterunternehmen zurück. Trotzdem muss auch berücksichtigt werden, dass ein Spin-off von dem Netzwerk und oftmals auch von der Marke des Mutterunternehmens profitiert. Häufig wird bei der Namenswahl des Spin-offs ein Namenszusatz vorgesehen, sodass die Ausgliederung weiterhin als Teil des Mutterunternehmens wahrgenommen wird (Schuh und Klappert 2011).

Neben dem Aspekt der Neuentwicklung eignet sich die Gründung eines Spin-offs auch zur **Umstrukturierung.** Eine Ausgründung kann dabei zur Neusortierung der Wertschöpfungs- oder Produktbereiche eines Unternehmens, zur Portfoliobereinigung oder Verschlankung mit Hinblick auf eine Konzentration auf das Kerngeschäft sowie aus bilanztechnischen Gründen sinnvoll sein. Diese Ausgründungen können dann auch nur temporär erfolgen. Spin-offs werden in diesen Fällen zu einem späteren Zeitpunkt – wenn sich das Geschäft entsprechend positiv entwickelt hat oder keine auf die Mutterorganisation wirkenden Risiken mehr bestehen – als Spin-ins wieder „zurückgeholt" (Rohrbeck et al. 2009).

Als weitere Differenzierungsgrundlage kann die Notwendigkeit beziehungsweise **Dringlichkeit** der Ausgründung herangezogen werden (Amit und Muller 1995; Dawson und Henley 2012; Rocha et al. 2015). Stellt man der Dringlichkeit (Ist man zu dem Schritt gezwungen?) noch die Herkunft (intern versus extern) des inhaltlichen Treibers gegenüber, ergibt sich eine **Vier-Felder-Matrix,** in die sich Spin-off-Gründungen einteilen lassen (Abb. 3.2): (1) Bestand zur beziehungsweise für die Ausgründung keine Wahl (Zwang) – war beziehungsweise ist man

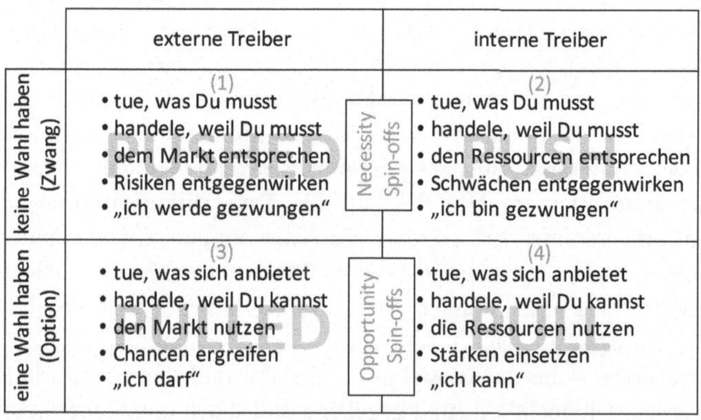

Abb. 3.2 Necessity Spin-offs und Opportunity Spin-offs in der Push(ed)-Pull(ed)-Matrix

zur Ausgründung gezwungen – und es handelte sich bei den inhaltlichen Treibern um externe Gründe, ist von einem **„pushed" Spin-off** zu sprechen. Liegen die Gründe für den Zwang der Ausgründung intern begründet handelt es sich (2) um ein **„push" Spin-off.** Bestand zur Ausgründung durchaus eine Option (man hat eine Wahl), bei externen Treibern ist von (3) einem **„pulled" Spin-off** zu sprechen. Ist die Spin-off-Gründung intern motiviert und freiwillig als eine der möglichen Optionen gewählt, handelt es sich um ein (4) **„pull" Spin-off.**

Die Fälle (1, „pushed") und (2, „push") entstehen meist aus einer 1) externen oder 2) internen Krise heraus und werden auch als **„Necessity Spin-offs"** bezeichnet (Buenstorf 2007; Bruneel et al. 2013). Die Muttergesellschaft sieht sich mit veränderten Wettbewerbsstrukturen oder neuen gesetzlichen Rahmenbedingungen oder anderen externen Konflikten konfrontiert, deren Bewältigung eine Ausgliederungsmaßnahme (zwingend) erfordern, um beispielsweise das Kerngeschäft zu schützen. Zudem können auch veränderte interne Situationen im Mutterunternehmen eine Ausgliederung notwendig machen. In den Fällen (3, „pulled") und (4, „pull") werden von der Mutterorganisation Chancen 3) extern am Markt oder 4) intern (im Unternehmen) gesehen, die neue Ideen oder Geschäftsmöglichkeiten und damit eine Ausgründung – als **„Opportunity Spin-offs"** (Buenstorf 2007; Bruneel et al. 2013) – ermöglichen. Die Ausgliederung dient zusätzlich der Risikominimierung, da hier oft neues Terrain, dessen Zukunft noch ungewiss ist, ausprobiert wird. Oft geschieht diese Art von Veräußerung in einer wirtschaftlichen Aufschwungphase, da das Spin-off meist auf Basis der wirtschaftlichen Leistung des Mutterunternehmens beruht (Eriksson und Kuhn 2006). Eine günstige wirtschaftliche Situation fördert zusätzlich den Gründungsmut.

▶ **Wichtig**

- Übersehen Sie nicht die Chancen, die sich hinsichtlich verschiedener Kooperationsmöglichkeiten ergeben. Haben Sie über alle Optionen bereits nachgedacht?
- Machen Sie sich frühzeitig Gedanken über den Grad der (zukünftigen Selbstständigkeit) des Spin-offs. Haben Sie insbesondere die Art der Beziehung zum Mutterunternehmen bereits definiert?
- Zur Sicherstellung der Finanzierung eines Spin-offs gibt es verschiedene Varianten – von der vollständigen Finanzierung durch die Mutterorganisation bis hin zur vollständigen Eigenfinanzierung durch das Spin-off. Haben Sie über alle Möglichkeiten nachgedacht und Vor- und Nachteile abgewogen?

- Spin-off-Gründungen erfolgen im Rahmen der Geschäftsmodell-innovation aus unterschiedlichen inhaltlichen Gründen – von der Produktneuentwicklung bis zur Umstrukturierung. Welche Gründe liegen in Ihrem Fall vor?
- Die (Aus-)Gründung eines Spin-offs lässt hinsichtlich der Herkunft der Treiber sowie der Dringlichkeit der Maßnahme systematisieren. Welche Situation liegt bei Ihnen vor?

Der Innovations- und Spin-off-Prozess im Überblick

In der bisherigen Entrepreneurship-Forschung gibt es bereits viele Prozesse, um Innovationen in Unternehmen zu entwickeln, jedoch wird selten über den Ausgründungsprozess als Verwertung und Folge von Innovationsprozessen nachgedacht (Chesbrough 2010) – so auch für den Prozess der Ausgründung eines Spin-offs.

Die Tatsache, dass sowohl der Zeitpunkt für die einzelnen zu treffenden Entscheidungen als auch die Reihenfolge dieser Entscheidungen für spätere Phasen sowie auch für den Erfolg des Spin-offs von Bedeutung sind (Degroof und Roberts 2004), macht deutlich, dass die Planung und das Verfolgen eines strukturierter Spin-off Prozesses von Anfang an wichtig ist.

Verdichtet man die Literatur zum Thema (Ndonzuau et al. 2002; Nicolaou und Birley 2003; Degroof und Roberts 2004; Elpida et al. 2010; Sosna et al. 2010; Michl et al. 2013), lassen sich **vier zentrale Phasen** und **zwei zentrale Meilensteine** im Spin-off-Prozess ableiten (Abb. 4.1). Dabei ist selbstverständlich zu beachten, dass es sich hierbei um einen idealtypischen Prozess handelt und es individuelle, situative Abweichungen in der Praxis geben wird. Trotzdem dient der (idealtypische) Prozess der Orientierung, um bei der Ausgründung strukturiert vorgehen zu können.

In der **ersten Phase,** der **Innovations- und Vorschlagsphase,** werden Vorschläge für neue (und später auszugliedernde) Geschäftsideen entwickelt und diskutiert (Ndonzuau et al. 2002). Bei der Identifikation (zur Ausgründung geeigneter Ideen) ist die Initiative Einzelner gefragt, die später gegebenenfalls dem Gründerteam angehören. Diese (Eigen-)Initiative kann auch als Auslöser für das Spin-off gesehen werden (Deegroof und Roberts 2004). Wichtig ist in dieser Phase eine Arbeitsumgebung, die Innovation und vor allem Ausgründungsgedanken zulässt (Elpida et al. 2010). Dabei gilt es, die dominante/vorherrschende

© Springer Fachmedien Wiesbaden GmbH, ein Teil von Springer Nature 2020
U. Eisenbeis et al., *Spin-off als Organisationskonzept,* essentials,
https://doi.org/10.1007/978-3-658-28524-1_4

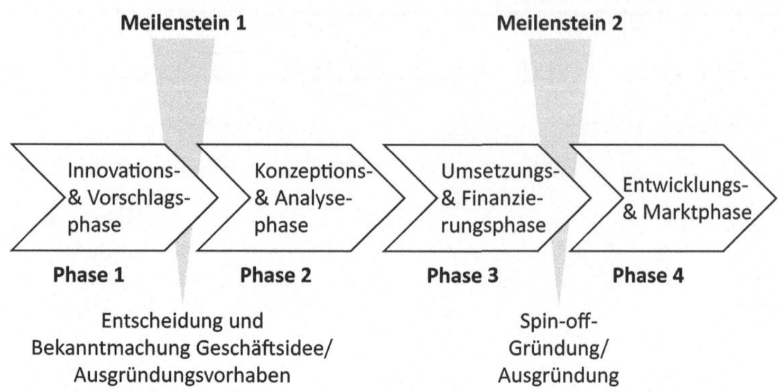

Abb. 4.1 Innovations- und Spin-off-Prozess mit vier Phasen und zwei Meilensteinen

Logik im Unternehmen zu überwinden und Freiheit für Kreativität und Experimente zu etablieren (Chesbrough 2010). Schließlich erklären Gilbert et al. (2015), dass eine Abspaltung oder zumindest Abspaltungspläne einer Unternehmenseinheit zur Wiedererkennung des eigenen Unternehmenskerns führen können. Somit kann für die erste Phase des Spin-off-Prozesses abgeleitet werden, dass das Abwenden von den Strukturen und Kernbereichen des Mutterunternehmens zu einer neuartigen Idee führen kann (Gilbert et al. 2015). Am Ende dieser Phase geht es darum, erste interne Vorbereitungen für die mögliche Ausgründung zu treffen (Michl et al. 2013). Dabei kann über das zukünftige Geschäftsmodell (Sosna et al. 2010) ebenso nachgedacht werden, wie erste Überlegungen zur Zusammenstellung des Gründungsteams erfolgen können.

Verläuft die Diskussionen im Hinblick auf die Spin-off-Ausgründung positiv, ist Ergebnis (Meilenstein 1) dieser ersten Phase im Spin-off-Prozess die **Entscheidung und Bekanntmachung der neuen Geschäftsidee und des Ausgründungsvorhabens** (Nicolaou und Birley 2003).

In der **zweiten Phase, der Konzeptions- und Analysephase,** wird die Geschäftsidee weiterentwickelt (Deegroof und Roberts 2004). Das neue Geschäftsmodell wird durch Spiegelung mit alternativen Geschäftsmodellen zu einem geeigneten Geschäftsmodell weiterentwickelt und schließlich definiert. Sosna et al. (2010) empfehlen hierbei ein iteratives Vorgehen mit Tests und Retests, um ein erfolgversprechendes Konzept entwickeln zu können. In der Konzeptionsphase wird ebenfalls das Schutzpotenzial der Idee untersucht (Ndonzuau et al. 2002), um das Risiko einer Imitation durch die Konkurrenz zu verringern (Elpida et al. 2010). Zudem wird eine Vermarktungsstrategie aufgesetzt.

Dazu werden der Markt sowie die technologische Entwicklung nochmals im Detail geprüft (Ndonzuau et al. 2002). Diese erneute Marktanalyse und auch die Einbeziehung der Kunden ist an dieser Stelle des Prozesses wichtig, um nicht am Markt vorbei zu entwickeln (Jiebing et al. 2013).

In der **Umsetzungs- und Finanzierungsphase,** der **dritten Phase,** wird die Idee auf ihre Umsetzbarkeit und ihre ökonomische Machbarkeit getestet. Es werden Bedarf und Zugang zu Ressourcen geprüft (Ndonzuau et al. 2002; Nicolaou und Birley 2003) und wenn nötig zusätzliche Ressourcen erschlossen (Ndonzuau et al. 2002). Hierbei sind Netzwerke und die Beziehung zum Mutterunternehmen von zentraler Bedeutung. Es wird die Finanzierung im Sinne der Seed-Finanzierung, aber auch des Venure Capitals angestoßen (Michl et al. 2013; Elpida et al. 2010). Vor allem bei Venture Capital ist darauf zu achten, dass Venture Capitalists dazu tendieren in Spin-offs zu investieren, sobald das Innovations-/Produktkonzept geprüft ist. Es gilt also, früh Prototypen und prüfbare Konzepte zu entwickeln, um die benötigten finanziellen Ressourcen zu erlangen, damit das Spin-off vorangetrieben werden kann (Wright et al. 2006). Anschließend können das Produkt beziehungsweise die Dienstleistung finalisiert (Nicolaou und Birley 2003) und das Spin-off gegründet werden.

Bei erfolgreichem Verlauf der dritten Phase findet die eigentliche **Spin-off-Gründung** (Ausgründung) statt (Meilenstein 2).

In der **vierten Phase,** der **Entwicklungs- und Marktphase,** die direkt nach der Gründung des Spin-offs anschließt, wird das Unternehmen als Ganzes entwickelt (Nicolaou und Birley 2003). Die Verwertung des Spin-offs über Netzwerke wird initiiert (Deegroof und Roberts 2004). Dazu bildet eine gute Recherche des Marktes und die Einbeziehung der Kunden aus der Konzeptionsphase eine wichtige Basis, um eine erfolgreiche Verwertung erreichen zu können. Zudem wird in dieser Phase Wachstum mit dem in der ersten und zweiten Phase entstandenen Geschäftsmodell angestrebt. Dazu gilt es, Routinen und Prozesse zu erstellen und Systeme und Entscheidungsprozesse einzuführen sowie eine geeignete Unternehmenskultur zu etablieren (Elpida et al. 2010; Sosna et al. 2010). Nachhaltiges Wachstum wird anschließend durch die Akquise von Wissen und dem weiteren Ausbau des Lernprozesses (Sosna et al. 2010) erreicht. Das Spin-off befindet sich nun selbstständig am Markt und muss dort bestehen.

▶ **Wichtig**

- Machen Sie sich frühzeitig Gedanken über den Ausgründungsprozess und definieren Sie Phasen und Meilensteine, um den Prozess sowohl zeitlich als auch inhaltlich zu strukturieren.

- Geben Sie der Idee beziehungsweise der Geschäftsmodell-innovation von Anfang an den Raum und die Unterstützung (gegebenenfalls auch gegen interne Widerstände), um Kreativität zu fördern.
- Kommunizieren Sie transparent über die neue Geschäftsidee beziehungsweise die voraussichtlich geplante Ausgründung, um allen Stakeholdern gerecht zu werden.
- Führen Sie Markt- und Wettbewerbsanalysen durch, um das Geschäftsmodell in die richtige Richtung zu entwickeln und zu spezifizieren.
- Entwickeln und konkretisieren Sie das Geschäftsmodell iterativ, um die Marktversagenswahrscheinlichkeit zu verringern.
- Führen Sie Markt- und Wettbewerbsanalysen durch, um das Geschäftsmodell in die richtige Richtung zu entwickeln und zu spezifizieren.
- Planen Sie frühzeitig im Prozess die notwendigen Ressourcen und deren Herkunft, um die Finanzierung des Spin-offs zu sichern und den geplanten Ausgründungszeitpunkt nicht zu gefährden.

Situative Rahmenbedingungen und Erfolgsfaktoren im Fokus 5

Über den gesamten Spin-off-Prozess hinweg – von der Innovations- und Vorschlagsphase über die Gründung des Spin-offs bis zur Entwicklungs- und Marktphase – gibt es kritische **Herausforderungen und Hindernisse,** die einer erfolgreichen Spin-off-Gründung im Weg stehen können. Sie können unternehmensintern bestehen oder extern in der Unternehmensumwelt begründet liegen. Diese Herausforderungen und Hindernisse gilt es (auf den eigenen Kontext bezogen) situativ zu analysieren und zu bewerten. Aus der Frage **„Worauf sollte man achten?"** – im Sinne einer Fehlervermeidungsstrategie – in Kombination mit einem **„Was sollte man tun?"** – im Sinne einer aktiven Gestaltungsempfehlung – lassen sich **Erfolgsfaktoren** der Spin-off-Ausgründung ableiten. Diese zentralen, in der einschlägigen Literatur diskutierten, Erfolgsfaktoren für Spin-offs lassen sich in vier Kategorien zusammenfassen (Abb. 5.1):

Abb. 5.1 Vier Kategorien von Erfolgsfaktoren und Rahmenbedingungen für Spin-off-Gründung

© Springer Fachmedien Wiesbaden GmbH, ein Teil von Springer Nature 2020
U. Eisenbeis et al., *Spin-off als Organisationskonzept,* essentials,
https://doi.org/10.1007/978-3-658-28524-1_5

1. Beziehung zum Mutterunternehmen
2. Rahmenbedingungen am Standort
3. Zusammensetzung des Management-/Gründerteams
4. Gestaltung des strategischen Verhaltens

5.1   Die Beziehung zur Mutterorganisation

Ein Hindernis für eine positive Entwicklung eines Spin-offs kann eine schlechte, nicht geregelte oder zu enge **Beziehung zum Mutterunternehmen** darstellen. Dabei spielen in einer frühen Phase vor allem **fehlende Kommunikation** oder **fehlendes Vertrauen** zum Mutterunternehmen eine Rolle (z. B. Parhankangas und Arenius 2003). Auch stehen Spin-offs häufig noch **in zu starker Abhängigkeit** zum Mutterunternehmen und finden nur schwer den Absprung in die Unabhängigkeit, was die eigene Innovationsfähigkeit und Kreativität einschränken kann (Semandeni und Cannella 2011). **Unterschiedliche Zielvorstellungen** sowie eine sich im Spin-off entwickelnde Eigendynamik können für Konfliktpotenzial mit der Unternehmensstrategie des Mutterunternehmens sorgen (Schuh und Klappert 2011). Zudem kann aus einer gut gemeinten Unterstützung durch das Mutterunternehmen schnell ein Überwachen des Spin-offs werden. Maßvolles Steuern des Spin-offs durch die Mutterorganisation kann zwar förderlich sein, allerdings bedeuten **zu viel Kontrolle und Überwachung** eine Beeinträchtigung des Spin-offs hinsichtlich der Entfaltung seiner Potenziale. Aus einer intensiven Beziehung zum Mutterunternehmen können sich somit Vor- und Nachteile für das Spin-off ergeben (Parhankangas und Arenius 2003). Abhängig von den Strukturen und Eigenschaften des Mutterunternehmens und des Spin-offs ist in jedem Einzelfall situativ zu entscheiden, welche Intensität der Beziehung sinnvoll und hilfreich ist (Semandeni und Cannella 2011). Generell wird als Erfolgsfaktor eine begründete und vor allem **klare Kommunikation** sowie eine entsprechend **zu definierende Regelung** – idealer Weise bereits vor, spätestens jedoch bei der formellen Ausgründung – hinsichtlich der Beziehung zwischen Mutterunternehmen und Spin-off gesehen.

Neben der generellen Frage nach der Intensität der Beziehung ist auch zu überlegen, wie die Beziehung zwischen Mutterunternehmen und Spin-off inhaltlich auszugestalten ist. Die **Bereitstellung und Förderung von Know-how** durch das Mutterunternehmen – nicht nur während und nach, sondern auch vor der Ausgründung – stellen, wie auch der kontinuierliche Informationsaustausch sowie der Zugang zu Netzwerken des Mutterunternehmens, entscheidende Erfolgsfaktoren dar (Cooper 1985; Nicolaou und Birley 2003):

Des Weiteren erhöhen Kooperation und Unterstützung durch das Mutterunternehmen die Überlebensrate eines Spin-offs (Frenkel et al. 2015), jedoch wirkt sich eine zu starke Abhängigkeit negativ auf dessen Leistung aus (Semadeni und Canella 2011). Insofern ist eine gesunde Mischung aus Unterstützung und Selbstständigkeit wichtig. Insbesondere der **Wissenstransfer** zwischen Mutterunternehmen und Spin-off hat direkte Auswirkungen auf dessen Erfolg (Sapienza et al. 2004).

Neben internem Wissen ist es zudem sinnvoll, bestehende **Netzwerke des Mutterunternehmens** zu nutzen (Gilsing et al. 2010). Nicolaou und Birley (2003) identifizieren dabei vier zentrale Netzwerktypen:

1. den inneren Kreis, der stabile, bereits bestehende Langzeitbeziehungen des Entrepreneurs darstellt
2. das Aktionsset, das aus vom Entrepreneur akquirierten Personen besteht, die das Spin-off mit notwendigen Ressourcen versorgen
3. den Partnern, die alle Mitglieder des originären Spin-off-Teams darstellen
4. den Netzwerkpartnern mit schwachen Beziehungen, die für allgemeine Informationen und die potenzielle Ressourcenbeschaffung in der Zukunft frühzeitig gewonnen und gepflegt werden sollten.

Gerade während der Gründungsphase können bestehende Netzwerke der Mutterorganisation sehr hilfreich sein (ebd.). Um Spin-offs schon frühzeitig den Aufbau solcher Netzwerke zu erleichtern, können Mutterorganisationen bereits bestehende Kontakte zu Partnern herstellen (Hemer et al. 2015). Generell sind demnach Netzwerke als Erfolgsfaktor zu sehen – bei der Entwicklung der Geschäftsmodellinnovation, bei der Gründung des Spin-offs und wenn das Spin-off bereits ausgegründet ist – und sind demnach als (strategische) Ressource zu nutzen, da sonst Potenzial verschenkt wird (Nicolaou und Birley 2003; Eriksson und Kuhn 2006; Wright et al. 2012).

Eine ebenfalls wichtige Ressource sind **finanzielle Mittel,** die vom Mutterunternehmen kommen (können). Denn: Kann das benötigte Budget nicht durch das Spin-off selbst am Kapitalmarkt eingeworben werden, wird die Unterstützung des Mutterunternehmens benötigt. Dadurch ist das Spin-off-Unternehmen bis zur kompletten Abspaltung (oder auch noch danach) auf die finanzielle Unterstützung des Mutterunternehmens angewiesen. Das Mutterunternehmen kann über einen gewissen Zeitraum ein sogenanntes Inkubatorumfeld darstellen und damit die Existenzgründung und Etablierung des Spin-offs unterstützen (Petry 2016). Ein Mangel an Ressourcen oder Versagen bei der Bereitstellung neuer Ressourcen durch die Mutterorganisation sind ein potenzielles

Hindernis für die Entwicklung einer Geschäftsmodellinnovation (Parhankangas und Arenius 2003). Dies gilt dann selbstverständlich wieder auch über die rein finanziellen Ressourcen hinaus.

Damit es überhaupt zu Spin-off-Gründungen kommt, ist es wichtig, dass innerhalb des Mutterunternehmens über eine offene **Innovationskultur** das Bewusstsein für unternehmerische Spin-off-Prozesse geschaffen wird (Dahlstrand 1997; Spieth et al. 2014). Entsprechend sind auch zu starre Strukturen innerhalb des Mutterunternehmens unvorteilhaft – denn die Charakteristika des Mutterunternehmens beeinflussen die Gründung und den späteren Erfolg des Spin-offs (Dahlstrand 1997). Da ein **gründungsfreundliches Klima** innerhalb des Mutterunternehmens eine tragende Rolle dabei spielt, ob und wie schnell Mitarbeiter gute und innovative Ideen vorantreiben können, ist es von Vorteil, die potenziellen Gründer früh zu sensibilisieren und ihnen relevante und qualifizierte Beratung, Schulungen und somit Hilfestellung anzubieten (Hemer et al. 2015).

Generell sollten **Interessenkonflikte zwischen dem Mutterunternehmen und dem Spin-off** vermieden werden (Ndonzuau et al. 2002). Es muss sichergestellt sein, dass das **Kerngeschäft** des Mutterunternehmens bei Misserfolg des Spin-offs nicht tangiert wird. Denn das Scheitern des Spin-offs kann zu einem **Imageverlust** des Mutterunternehmens insgesamt führen. Das Mutterunternehmen hat somit allein ein großes Eigeninteresse an einer positiven Entwicklung des Spin-offs. Generell tragen **gemeinsame Erfolgsziele** sowie eine generelle Stimmigkeit der Ziele zwischen Spin-off und Mutterunternehmen (Feng et al. 2015) zum Erfolg bei. Auch wenn die Spin-offs meist in stärkerem Maße von der Kooperation mit dem Mutterunternehmen profitieren, positive Effekte sind für beide Seiten im Sinne einer **Win-win-Situation** zu erwarten (Prezas und Simonyan 2015). Es ist erwiesen, dass Unternehmen, die mit Spin-offs (zusammen-) arbeiten, auf lange Sicht erfolgreicher sind als die Konkurrenz ohne Zusammenarbeit mit Spin-offs (Feng et al. 2015). Spin-off-Prozesse können sich ähnlich wie Forschung und Entwicklung positiv auf die Innovationsfähigkeit des Mutterunternehmens auswirken. Die Prozesse für Spin-offs können aus dem Mutterunternehmen teilweise übernommen und erlernt werden (Andersson et al. 2012).

▶ **Wichtig**

- Regeln Sie frühzeitig die Beziehung zwischen Mutterunternehmen und Spin-off und definieren Sie gemeinsame Ziele, damit spätere Meinungsverschiedenheiten nicht die strategische Planung sowie das operative Geschäft stören.

- Geben Sie als Mutterunternehmen dem Spin-off genug Freiraum und Vertrauen, damit der Sprung in die Selbstständigkeit funktionieren kann.
- Achten Sie darauf, dass Unterstützung seitens des Mutterunternehmens nicht zu Kontrolle und Überwachung wird, damit das Potenzial des Spin-offs nicht eingeschränkt und kreatives Potenzial verspielt wird.
- Für Spin-offs ist die Nutzung bestehender Netzwerke des Mutterunternehmens wichtig, um frühzeitig Zugang zu Ressourcen zu erhalten.
- Finden Sie klare Regelungen hinsichtlich des Zugriffs des Spin-offs auf Ressourcen des Mutterunternehmens, damit für beide Seiten Planungssicherheit gegeben ist.
- Es ist wichtig, dass das Mutterunternehmen den Fach- und Führungskräften genug Raum für Kreativität bietet, damit es überhaupt zu Ausgründungsideen kommen kann.
- Achten Sie darauf, dass sich alle Geschäftsaktivitäten des Spin-offs über den gesamten Lebenszyklus hinweg nicht negativ auf das Kerngeschäft des Mutterunternehmens auswirken.

5.2   Die Rahmenbedingungen am Standort

Auch Faktoren wie Umfeld und Rahmenbedingungen in Form von Standortfaktoren (Link und Scott 2005; Eisenbeis 2018) stellen – sofern nicht vorhanden oder nicht ausreichend ausgeprägt – Herausforderungen oder Hindernisse dar. Innerhalb der Kategorie sind dabei vor allem das **Vorhandensein von Netzwerken** (z. B. Benneworth und Charles 2005; Grandi und Grimaldi 2005; Frenkel et al. 2015), ein kreatives Umfeld (z. B. Link und Scott 2005; Grandi und Grimaldi 2005), die Nähe zu Branchenwissen und die Nähe zu Ressourcen (z. B. Van Greenhuizen und Soetanto 2012; Bathelt et al. 2010) als Standortfaktoren von zentraler Bedeutung für den Erfolg eines Spin-offs. Im Allgemeinen versteht man unter einem Netzwerk die Fähigkeit eines Unternehmens, innerorganisatorische Beziehungen zu entwickeln und anzuwenden, um Zugang zu verschiedenen Ressourcen anderer zu erhalten (Walter et al. 2006). Partnerschaften mit anderen Organisationen sind in diesem Zusammenhang von hoher Bedeutung (Feldman und Klofsten 2000). Da Unternehmen, die über Netzwerke verfügen, nachgewiesenermaßen erfolgreicher sind als diejenigen ohne (Nicolaou und Birley 2003), besteht die Notwendigkeit des Aufbaus persönlicher und vertrauensvoller Beziehungen

(Frenkel et al. 2015). Besonders im Bereich der Kreativindustrie treiben Netzwerke im Sinne von neuen Kontakten, Geschäftspartnern oder Kunden die Unternehmensidee voran. Sie können nicht nur zur Gewinnung neuer Ideen, sondern auch zum Austausch bisheriger Erfahrungen und Empfehlungen genutzt werden (Eisenbeis 2018; Eisenbeis et al. 2018). Insgesamt lässt sich sagen, dass Netzwerkkapazitäten positiv mit der Spin-off-Leistung verbunden sind und somit auch hier eine Win-win-Konstellationen für alle Beteiligten darstellen (Walter et al. 2006).

Da für Spin-offs der **Zugang zu Information und Wissen** von großer Bedeutung ist, ist auch eine Nähe zu Universitäten und **Forschungsorganisationen** sowie zu potenziellen **Partnerunternehmen** von Vorteil (Dahlstrand 1997). Da Unternehmensgründer ihren geografischen Standort üblicherweise nicht ändern, ist das Spin-off weitgehend von dem bereits in dem Gebiet vorhandenen Ressourcenpool abhängig (Cooper 1985). Auch eine geografische **Nähe zum Mutterunternehmen** kann sinnvoll sein, um von bereits vorhandenem **Markt- und Branchenwissen** zu profitieren (Cooper 1985).

Ebenfalls zur Kategorie Standort gehört die **Ressourcenverfügbarkeit** vor Ort. Darunter fallen neben der Verfügbarkeit der bereits erwähnten Netzwerke insbesondere das Vorhandensein von **Personal** (quantitativ und qualitativ) sowie **finanzielle und technische Ressourcen** (Vohora et al. 2004). Die **technologische Infrastruktur** stellt dabei gerade in der heutigen Zeit einen hoch relevanten Standortfaktor dar (Eisenbeis et al. 2018). Hinsichtlich der Finanzierung ist der Zugriff auf **Fremdkapital** beziehungsweise **Investoren** vor Ort wichtig (Van Geenhuizen und Soetanto 2009), denn um Wachstum zu ermöglichen, sollten Spin-offs ihre Finanzierungsstrategien an langfristige Strukturen binden.

Derartige Netzwerke können die Lösung für knappe oder fehlende Ressourcen sein, die nicht selbst oder durch das Mutterunternehmen bereitgestellt werden können (Van Geenhuizen und Soetanto 2009). Der Schlüssel dafür können Lieferanten, aber auch Kunden und Investoren sein, weswegen es sinnvoll ist, mit diesen ein Netzwerk aufzubauen (Van Geenhuizen, und Soetanto 2009). Netzwerkressourcen sind im Sinne eines Erfolgsfaktors zu nutzen, um keine Synergien und Ressourcen zu verschenken.

In diesem Zusammengang stellt sich ein Standort innerhalb eines **Ballungszentrums,** durch die Konzentration von Kapital, geschulten Arbeitskräften, spezialisierten Lieferanten und Kundengruppen, die sich positiv auf Innovationen auswirken können, als vorteilhaft heraus (Van Geenhuizen und Soetanto 2013; Eisenbeis 2018; Eisenbeis et al. 2018).

Trotzdem ist hier Vorsicht geboten: Zwar ist meist davon auszugehen, dass das Potenzial für Innovation und neue Firmen in großen Metropolen besser ist als in Kleinstädten oder auf dem Land, jedoch könnte in der Kombination von

Ballungszentrum als Standort und zusätzlich geringe räumliche Distanz zum Mutterunternehmen die Gefahr bestehen, dass das Spin-off in einem zu engen Netzwerk (der Mutterorganisation) gefangen ist und dadurch Chancen auf offene Innovationen nicht wahrgenommen werden können. Dann sind Spin-offs in Kleinstädten eventuell besser aufgehoben, da hier neue Bindungen eingegangen werden können (Van Geenhuizen und Soetanto 2013).

Für erfolgreiche Gründungen sind auch die Existenz eines **kreativen und innovativen Umfelds am Standort** sowie die **Atmosphäre** am Standort wichtig (Eisenbeis 2018; Eisenbeis et al. 2018). Allgemein lässt sich sagen, dass die Kombination heterogener Gruppen die Vielfalt kreativer Ideen fördert (Grandi und Grimaldi 2005).

▶ **Wichtig**

- Nähe zu Hochschulen sowie Innovations- und Forschungszentren können ein hilfreicher Standortvorteil sein, um Zugang zu externem Wissen, Kreativ- und Innovationspotenzial zu haben.
- Zugang am Standort zu finanziellen Mitteln ist ein wichtiger Standortfaktor, da es sich dabei um eine Schlüsselressourcen für die Entwicklung des Spin-offs handelt.
- Die technologische Infrastruktur ist ein entscheidender Standortfaktor, da gerade heute viele Geschäftsmodellinnovationen technologiegetrieben sind – Technologie ist somit Enabler und Driving Force von Innovation.
- Unterschätzen Sie nicht die Relevanz von Netzwerkressourcen am Standort. Bauen Sie Ihr lokales Netzwerk aus und pflegen Sie es, da Netzwerke Zugang zu Ressourcen sichern (können).
- Berücksichtigen Sie bei der Standortwahl auch weiche Faktoren wie Atmosphäre und Kultur am Standort beziehungsweise in der Region, da ein innovatives und kreatives Umfeld Quelle für Kreativität und neue Ideen ist.

5.3 Die Zusammensetzung des Management-/ Gründerteams

Kreativität, Branchenkenntnisse und kaufmännisches Know-how (z. B. Cooper 1985; Feldmann und Klofsten 2000) sowie Führungskompetenzen (Feng et al. 2015) sind in der Kategorie **Management-/Gründerteam** die zentralen

Erfolgsfaktoren für Spin-offs. Diese Bereiche sind im Hinblick auf eine ausgewogene **Zusammensetzung des Gründerteams** von Bedeutung (Cooper 1985).

Hervorzuheben ist zunächst, dass kreatives Potenzial im Gründerteam benötigt wird, damit ein Unternehmen neue Innovationen erfolgreich auf den Markt bringen kann. **Kreativität und Innovationsfähigkeit** wird dabei durch **Heterogenität und Homogenität** in der Zusammensetzung erreicht. Während hinsichtlich Fachkenntnissen, beruflichem Hintergrund und Kultur bewusst auf Vielfalt beziehungsweise Diversität gesetzt werden sollte (Grandi und Grimaldi 2005), ist hinsichtlich (geteilter) Vision und (Arbeits-)Einstellung auf ein homogenes Team zu achten.

Fehlendes Know-how, insbesondere nicht vorhandene **Managementerfahrung** sowie nicht ausreichende **Marktkenntnis** sind bei der Spin-off-Gründung oft Misserfolgsgründe (Van Geenhuizen und Soetanto 2009). Genau hier liegt eine wesentliche Schwäche vieler Spin-offs: Die unzureichende Managementerfahrung der Gründer, die oftmals nur technisches Know-how oder Kreativ-Know-how, jedoch zu wenig betriebswirtschaftliche Ausbildung genossen oder entsprechende Erfahrung gesammelt haben (Maseli 1997). Gerade in der Kreativindustrie oder im Technologiebereich stehen zunächst andere Aspekte im Vordergrund und Managementerfahrung wird häufig unterschätzt und nur unzureichend gefördert. Inhaltlich sind somit sowohl **Branchenkenntnisse** und ein umfassendes Marktverständnis im Gründungsteam entscheidend, um erfolgreich in einen Markt einzusteigen und im weiteren Verlauf in diesem zu bestehen (Cooper 1985), als auch **kaufmännisches und Management Knowhow.**

Vor der Ausgründung kann die Mutterorganisation bereits dabei mitwirken, das (zukünftige) Management des Spin-offs vorzubereiten: Methoden wie Job Rotation, erhöhte Delegation an Verantwortung, mehr Training und verbesserte Kommunikation können Mutterunternehmen beim Aufbau von **Führungskompetenz im späteren Gründerteam** unterstützen (Feldman und Klofsten 2000). Denn: Konnten sich die Spin-off-Gründer bereits im Mutterunternehmen über einen breitgefächerten Einsatzbereich und ein hohes Maß an Eigenverantwortung fachlich und persönlich entwickeln, kann dies für die eigene Selbstständigkeit im Spin-off ebenfalls nützlich sein (Cooper 1985). Zusätzlich kann die Gründungsphase von Spin-offs als wichtiger Lernprozess für das Management genutzt werden (Sapienza et al. 2004). Selbstverständlich spielt auch die **Motivation,** sowohl auf der Seite des Gründungsteams als auch auf der Seite der Entscheider, in der Mutterorganisation eine entscheidende Rolle für den Erfolg eines Spin-offs – entsprechende Anreize (über die Eigenmotivation des Gründungswillens hinaus) sind zu setzen (Feng et al. 2015).

Auch **fehlende Offenheit für Neues** kann ein grundlegendes Hindernis darstellen. Innerhalb einer Geschäftsmodellinnovation ist es wichtig, dass neue Entwicklungen gewünscht und vorangetrieben werden. Im ersten Schritt geschieht dies durch das Management, welches nicht auf dem bisherigen Vorgehen und dem Altbewährten beharren darf. Die fehlende Offenheit für Veränderungen kann sich beispielsweise durch den Einsatz veralteter Technologien und das Festhalten an diesen äußern. Manager sollten hier aufgeschlossen sein, auch wenn dies mit Unstimmigkeiten mit der existierenden Strategie und des Personals verbunden sein kann. Neue Perspektiven sind eng mit **Agilität** und damit auch einer **Open-Innovation-Kultur** verbunden (Chesbrough und Rosenbloom 2002).

Nach Ausgründung ist es wichtig, dass sich das Gründungsteam durch unterschiedlichste Formen der **Weiterbildung** hinsichtlich neuer Entwicklungen „fit" hält (Gilbert et al. 2015).

▶ **Wichtig**

- Unterschätzen Sie nicht die notwendigen Management-Skills und Branchenkenntnisse, welche bei einer Spin-off-Gründung benötigt werden.
- Eine heterogene Zusammensetzung des Gründerteams, insbesondere hinsichtlich ihrer Fachkenntnisse und Fähigkeiten, ist von Vorteil.
- Das Gründerteam muss zusammenpassen. Hinsichtlich (geteilter) Vision und (Arbeits-)Einstellung ist somit auf Homogenität zu achten.
- Das Gründerteam sollte offen sein für Neues und einer (zumindest begrenzten) Risikokultur aufgeschlossen gegenüberstehen.
- Die stetige (eigeninitiativ vorangetriebene) Weiterbildung und Weiterentwicklung des Gründerteams ist unabdinglich, um auf schnelllebige Trends reagieren zu können.

5.4 Die Gestaltung des strategischen Verhaltens

Die **strategische Ausrichtung** zur Umsetzung des **Geschäftsmodells** des Spin-offs ist ein erheblicher Einflussfaktor, der über Erfolg oder Misserfolg entscheidet. Der Erfolg des Spin-offs stellt sich dann ein, wenn neue Technologieentwicklungen, gesellschaftliche Trends sowie (sich ändernde) Marktspezifika im Geschäftsmodell berücksichtigt werden (Johnson et al. 2008).

Bürokratie und starre Strukturen können (wie bereits im Zusammenhang mit der Mutterorganisation beschrieben) negative Auswirkungen auf die Ausgründung des Spin-offs haben (Smilor et al. 1990). Dies gilt sowohl für die Strukturen und Abläufe in der Mutterorganisation (der Grund für eine Ausgründung kann ja bereits die Suche nach **flexibleren Strukturen** für das neue Geschäft sein) als auch die des Spin-offs. Um im richtigen Maße die Entwicklung eines Spin-offs zu einer **anpassungsfähigen Organisation** sicherzustellen, ist die Möglichkeit der **kontinuierlichen Anpassung** der Unternehmensstrukturen (Spieth et al. 2014) sowie Verfahren und Abläufen von großer Bedeutung (Vohora et al. 2004).

Trotzdem: Bei aller Flexibilität und Agilität – um den Herausforderungen der Gründungsphase gewachsen zu sein, muss die Geschäftsidee des Spin-offs auf einem **festen Fundament** und realistischen Finanzierungsplan aufbauen. Ein **ganzheitliches Risikomanagement** und die bestmögliche Einschätzung des bestehenden und zukünftigen Marktes sowie der erzielbaren Marktposition sind erforderlich. Um Kapital extern zu beschaffen und Investoren zu überzeugen, bedarf es eines ausgereiften und **tragfähigen Businessplans.** Zudem sollten geeignete Vermarktungsstrategien und eine angepasste Kommunikation zum Einsatz kommen, wodurch das Interesse von externen Kapitalgebern, als auch von potenziellen Mitarbeitern geweckt wird. Die **Ressourcenplanung** nimmt während der Gründungsphase eine bedeutende Rolle ein, denn durch den falschen Einsatz kann es zu fehlenden Ressourcen kommen. Der Ressourcenbedarf ist selbstverständlich an die Beweggründe der Spin-off-Gründung und die gewünschte Ausstattung des Spin-offs gekoppelt.

Die Wahrscheinlichkeit für ein langfristiges Bestehen am Markt hängt zum einen vom (Neuartigkeits-)Grad der Geschäftsmodellinnovation (Velu 2015) im Sinne eines möglichst langfristigen **Alleinstellungsmerkmals** gegenüber der Konkurrenz (Souto 2015) ab, zum anderen, wie beschrieben, von der Fähigkeit, das Geschäftsmodell an Veränderungen anpassen zu können. Gerade in von hohen Innovationsraten gekennzeichneten Branchen ist es – um dem Erneuerungsdruck gerecht werden zu können – für das Spin-off unabdingbar, ein effizientes **Innovationsmanagement** zu betreiben (Benkenstein, und Holtz 2003). Auf diese Weise kann der Grad der Innovation erhöht beziehungsweise hochgehalten werden. Durch kontinuierliche Anpassung an Markt- und Umweltveränderungen kann sich das Spin-off (weiterhin) von der Konkurrenz absetzen. Um diesen Wettbewerbsvorteil langfristig aufrechtzuerhalten, sollte das Spin-off mit geeigneten Prozessen für Innovationen und Verbesserungen flexibel auf Veränderungen reagieren (Mitchell und Coles 2003) und bestenfalls diese Veränderungen – im Sinne einer initiativ-aktiven Strategie – selbst einleiten. Somit spielt die **Agilität und Flexibilität** der Unternehmensstrategie und die **kontinuierliche Validierung des Geschäftsmodells** beziehungsweise dessen Veränderung beziehungsweise Anpassung eine zentrale Rolle (Sorescu et al. 2011).

Eine nach außen (Umfeldanalyse) und gleichermaßen nach innen (Unternehmensanalyse) gerichtete Unternehmensführung ist unablässig, um eine effektive Unternehmens-Umwelt-Koordination und **strategische Stimmigkeit** sicherzustellen – beispielsweise Beobachtung und Analyse der strategischen Ausrichtung und Geschäftsmodelle der Konkurrenz in Kombination mit der Prüfung der eigenen **Ressourcen und Kernkompetenzen** (Casadesus-Masanell und Zhu 2013).

▶   **Wichtig**

- Ein hoher Innovationsgrad des Geschäftsmodells ist wichtig, um sich als Spin-off von der Konkurrenz abheben und Alleinstellungsmerkmale herausbilden zu können.
- Trotz eines (aktuell) innovativen Geschäftsmodells sind flexible Strukturen und damit eine anpassungsfähige Organisation wichtig, um sich kontinuierlich anpassen zu können und damit wettbewerbsfähig zu bleiben.
- Trotz aller Flexibilität und Agilität – ein Spin-off braucht ein starkes Fundament, wie einen nachhaltigen Businessplan, eine substanzielle Ressourcenplanung sowie ein Risikomanagement, um zu überleben.
- Stetige Markt- und Wettbewerbsanalysen sind von hoher Bedeutung, um neue Trends frühzeitig identifizieren und Kernkompetenzen verteidigen zu können.
- Ein Innovationsmanagement ist auch in Spin-offs notwendig, um den Grad der Innovation hoch zu halten.
- Es ist strategische Stimmigkeit zwischen Strategie, System und Umwelt sowie innerhalb von Strategie und System anzustreben, um eine Unternehmens-Umwelt-Koordination sicherzustellen.

Spin-off-Fallstudie PONS Wörterbuch GmbH: Unterstützung der Muttergesellschaft als Erfolgsfaktor

6.1 Die Kurzvorstellung des Unternehmens

Der deutsche Schulbuchverlag Ernst Klett Verlag GmbH wird **1897 in Stuttgart** gegründet. 1995 wurde die **Klett Gruppe** gebildet, von der der Ernst Klett Verlag der wichtigste Teil war.

Klett entwickelt sich zu einem der führenden Bildungsmedien-Verlagshäuser in Deutschland. Am Hauptstandort Stuttgart und zahlreichen Standorten im Inland und im europäischen Ausland entstehen analoge und digitale Unterrichts- und Lernmaterialien für alle Schularten und Jahrgangsstufen. Die Klett Gruppe erwirtschaftet **2016 einen Umsatz von 537,3 Mio. EUR** und belegt damit im Ranking der größten deutschen Verlage den vierten Platz. Sie ist mit 67 Unternehmen an 33 Standorten in 15 Ländern vertreten. Insgesamt arbeiten bei der Klett Gruppe rund **3600 Mitarbeiter.**

6.2 Der Hintergrund zur Ausgründung

Bereits in den 1950er Jahren entwickelt sich der Unternehmensbereich „Klett-Wörterbücher" im Klett Verlag. Die heutige PONS GmbH hat somit ihren Ursprung in **einer Wörterbuch-Redaktion** des Schulbuchverlages Klett. Ende der 1970er Jahre erhält diese eine eigene Corporate Identity und Imprint – die **Marke PONS** entsteht. Diese bleibt zunächst Teil des Schulbuchverlages. Anfang der 1990er Jahre verfügt PONS über ein eigenes redaktionelles Team.

Die **formale Ausgründung zur PONS GmbH folgt 2001.** Diese ist die logische Konsequenz auf die unterschiedliche Ausrichtung der Produkte des

© Springer Fachmedien Wiesbaden GmbH, ein Teil von Springer Nature 2020
U. Eisenbeis et al., *Spin-off als Organisationskonzept*, essentials,
https://doi.org/10.1007/978-3-658-28524-1_6

Mutterunternehmens und der des Spin-Offs. Mit ihrem derzeitigen Sitz am **Stöckach in Stuttgart** ist die PONS GmbH seit 2013 auch räumlich von ihrem Mutterunternehmen getrennt.

6.3 Die Vorstellung des Spin-offs

Die PONS GmbH ist somit ein Spin-off der Klett Verlagsgruppe und hat ihr **Kerngeschäft im Wörterbuchsegment.** Ihre Publikationen beziehen sich anfangs lediglich auf Wörterbücher. Nach einigen Jahren kommen Materialien zum Selbststudium von Sprachen für insgesamt 32 Sprachen hinzu. Der **Marktanteil** der PONS- Wörterbücher im deutschen Buchhandel beträgt aktuell etwa 35 %. Somit konkurriert sie vorwiegend mit dem Marktführer Langenscheidt (ca. 55 %), während sich andere Anbieter die übrigen rund 10 % teilen.

Im Vergleich zum Klett Verlag, der hauptsächlich Lehrbücher vertreibt, spricht das vielfältige Produktsortiment von PONS eine **breitere Zielgruppe** (nämlich jeden Sprachinteressierten) an. Dies erfordert eine höhere Flexibilität und Anpassungsfähigkeit an Trends (z. B. bei Sprachen, die zeitweise als lernenswert wahrgenommen werden). Durch die Ausgründung des bereits bestehenden Teams wird man dem gerecht. Folglich kann die **innerbetriebliche Organisation** (Marketing, Controlling, Produktion) so ausgelegt werden, dass möglichst schnell neue Trends aufgegriffen und das Produktportfolio entsprechend angepasst werden kann.

6.4 Die Analyse des Falls

6.4.1 Art der Ausgründung

Der Ausgründungsprozess der PONS GmbH kann klar als **marktgetriebene Entscheidung** bezeichnet werden, die, nach eigenen Aussagen, eventuell bereits zehn Jahre früher hätte gefällt werden können.

Dies lässt sich einerseits auf die **verschiedenen Vermarktungsweisen** der Produkte zurückführen. Während bei Schulbüchern potenzielle Abnehmer wie Lehrer und Schüler bekannt sind, muss bei Wörterbüchern ein anderer Vermarktungsweg gegangen werden.

Andererseits spielen auch **Differenzen in der Produkterstellung** eine entscheidende Rolle. So haben die Produktzyklen von Wörterbüchern mit zwei bis maximal vier Jahren eine bedeutend kürzere Lebensdauer als Schulbüchern mit durchschnittlich etwa sieben bis zehn Jahren.

Wie bereits erwähnt, ist die PONS GmbH seit 2001 nicht mehr Teil des Klett Verlags und hat seither den **höchsten Grad der Unabhängigkeit** einer Ausgründung.

Weiterhin bestehen für die PONS GmbH **keine Zwänge zu Kooperationen** mit dem Mutterunternehmen. Ein Großteil der Kooperationen, die von der ausgegliederten PONS GmbH mit der Klett Gruppe eingegangen werden, finden auf Vertriebsebene, mit Schwesterunternehmen wie der Ernst Klett Sprachen GmbH, statt.

6.4.2   Interne Herausforderungen

Die Ausgliederung der PONS GmbH war kein abrupter Vorgang, sondern folgte einem stufenweisen Ablauf. Daher kann man **nicht direkt von Hindernissen** sprechen, sondern eher von Herausforderungen, welche die Ausgründung verkompliziert haben.

Beispielsweise ist hier der Mehraufwand durch mühsame und dennoch notwendige **Verhandlungen zu wechselseitigen Dienstleistungen** und Konditionen aufzuführen.

Des Weiteren kommen Maßnahmen der **Umstrukturierung** hinzu, welche sich beispielsweise auf den Verlust von Volumeneffekten beziehen, da vom Zeitpunkt der Ausgründung an beispielsweise eine eigene Personalabteilung sowie ein eigenes Controlling benötigt wird. Die **Entwicklung des eigenen Controllings** vollzieht sich ganz nach der Devise „learning by doing". Schritt für Schritt wird dies den starken Unterschieden bei Remissionen, Rabatten, Lizenzen, dem Auslandsgeschäft – und den damit verbundenen höheren Varianzen und der niedrigeren Planbarkeit – angepasst. So war die PONS GmbH nach eigener Aussage in ihren Anfangsjahren „undercontrolled". Als weiteres Problem aus Controlling-Sicht wurde eine Diskrepanz zwischen übertragenen und tatsächlich abgeführten Kennzahlen identifiziert: Zwar wurden im Business Plan der budgetseitige Übertrag von Assets, Verträgen, Rechten oder Ähnlichem (z. B. Lager, Verbindlichkeiten und Forderungen) festgehalten, Verluste und Gewinne wurden jedoch nach wie vor über die Klett AG abgeführt. Das heißt: PONS bilanziert als GmbH selbst. Aber über einen Ergebnisabführungsvertrag mit der Klett AG trägt die Muttergesellschaft das Gewinn- und Verlustrisiko.

Auch anzuführen sind **anfängliche Abstimmungsprobleme** sowie Diskussionen unter den Geschäftsführern und Mitarbeitern, beispielsweise über den Kantinenzugang.

6.4.3 Externe Herausforderungen

Hinsichtlich externer Erschwernisse hat sich der **Aufbau eines neuen Lieferantennetzwerks** bei der Ausgründung als aufwendig herauskristallisiert. Dieser findet seine Relevanz vor allem darin, dass die PONS GmbH sich dem Klett Verlag gegenüber durch ihre Spezialisierung deutlich abgrenzt und durch das Nutzen eigener Netzwerke **Konfliktpotenziale** vermeidet.

Für die ausgegründete PONS GmbH ist, aufgrund ihrer Spezialisierung, die Gefahr durch **Substitutionsprodukte,** welche bei Wörterbüchern höher ist als bei Schulbüchern, besonders hoch. Online-Dienste wie beispielsweise leo. org (seit 1998) spielen dabei eine besondere Rolle. Durch den Druck von außen wird die Digitalisierung und damit die Weiterentwicklung des Geschäftsmodells der PONS GmbH vorangetrieben. 2007 wird das Geschäftsmodell schließlich in Form eines kostenlosen mehrsprachigen Online-Wörterbuchs (pons.com) erweitert und digitalisiert.

6.4.4 Faktoren des Erfolgs

Entscheidende Faktoren für den Erfolg der Ausgründung sind in erster Linie die **Mitarbeiter und Gründer.** Die Ausgründungsentscheidung wird sowohl von der Geschäftsführung als auch der Redaktion getroffen und mitgetragen.

Ein gemeinsam formuliertes Ziel ist es, sich **vom Klett Verlag loszulösen,** um durch mehr Unabhängigkeit flexibler auf die Konkurrenz reagieren und so weitere Marktanteile gewinnen zu können. Zum Zeitpunkt der Ausgründung bestand bereits ein **eingespieltes Team,** um die Marke PONS, welches sich mit dieser identifizierte. Eine Verschlechterung der Arbeitsverhältnisse wurde durch die Übernahme tarifgebundener Arbeitsverträge verhindert.

Unterstützung durch die Muttergesellschaft lässt sich ebenso als Erfolgsfaktor festhalten. Die PONS GmbH hat zu keiner Zeit „Steine in den Weg gelegt bekommen". Aus **Kundensicht** wird die Ausgründung der PONS GmbH **nicht wahrgenommen,** was ebenfalls einen wichtigen Faktor darstellt. Dies ist auf die bereits seit den 1970ern präsente Marke zurückzuführen – für die Kunden hat sich durch die Ausgründung kaum etwas verändert.

Des Weiteren wird die **Planungskultur von Klett** übernommen. Diese bezieht sich auf einen Fünfjahresplan, in dem insbesondere die ersten zwei Jahre detailliert ausgearbeitet sind. Diese Planung enthält klare Grenzen und Vorgaben zum Konfliktmanagement, welche interner Konkurrenz und Interessenkonflikten vorbeugen.

Nicht zuletzt ist zu erwähnen, dass es im Grunde **kaum Programmüberschneidungen mit dem Mutterunternehmen** gibt. Der einzige Bereich mit Konfliktpotenzial ist „Klett Lerntraining" als Teil von PONS, welches mit einem Klett-Logo vertrieben wird.

Abschließend lässt sich sagen, dass die marktgetriebene Ausgründung der PONS GmbH bereits zu einem früheren Zeitpunkt hätte stattfinden können – intern wird die Ausgründung als erfolgreich und unumgänglich angesehen.

Spin-off-Fallstudie Blogfabrik GmbH & Co. KG: Risikobereitschaft als Erfolgsfaktor

7.1 Die Kurzvorstellung des Unternehmens

Die MELO Unternehmensgruppe geht 2015 aus dem **Pressevertrieb Hermann Trunk** hervor, der **1945 in München** gegründet wurde. Aus einem reinen Pressegrossisten, entwickelt sich die **MELO Unternehmensgruppe** nach eigenen Angaben zum Fullservice-Dienstleister im Medien- und Logistikbereich mit breitem Produktportfolio. Zur Gruppe gehören heute rund **20 gleichgestellte Tochtergesellschaften.** Insgesamt erwirtschaftet das Unternehmen **2016 mit über 2000 Mitarbeitern** einen **Umsatz von ca. 240 Mio. EUR** an 20 Standorten in sechs Ländern Europas.

7.2 Der Hintergrund zur Ausgründung

Im Zuge des Wiederaufbaus Deutschlands nach 1945 werden die Vertriebsgebiete für Presseerzeugnisse zur Sicherstellung föderaler Verhältnisse eingegrenzt. Dem Pressevertrieb Hermann Trunk werden im Zuge dessen die Gebiete Bayern und Schwaben zugeteilt, wodurch eine Monopolstruktur entsteht. Insbesondere bedingt durch die zunehmende **Spezialisierung in den Bereichen Medien- und Logistikdienstleistungen** erfolgt im Rahmen des 70-jährigen Firmenjubiläums im Jahr 2015 die Umbenennung in die MELO Unternehmensgruppe.

Dieser Wandel geht mit der steigenden Internationalisierung sowie Modernisierung des Unternehmens einher. Neben Druckerzeugnissen und Dienstleistungen im Paket- beziehungsweise Flughafenbereich, fokussiert sich die MELO Unternehmensgruppe besonders auf das **Digitalgeschäft.** Dazu zählen zum Beispiel die Media Carrier GmbH oder die Blogfabrik GmbH & Co. KG.

© Springer Fachmedien Wiesbaden GmbH, ein Teil von Springer Nature 2020

U. Eisenbeis et al., *Spin-off als Organisationskonzept*, essentials,

https://doi.org/10.1007/978-3-658-28524-1_7

7.3   Die Vorstellung des Spin-offs

Die **Blogfabrik** wird als Spin-off der MELO Unternehmensgruppe im Dezember 2013 in Berlin Kreuzberg mit dem Grundgedanken der Gründung eines **Co-Working-Space für Blogger** ins Leben gerufen – der offizielle Marktstart erfolgt im Frühjahr 2014. Mittlerweile umfasst die Blogfabrik die Bereiche **Content Creators** (Erstellung und Vertrieb des digitalen Magazins Daily Bread Mag/Blogfabrik Mag), **Agentur** sowie **Events und Workshops.** Das Team besteht derzeit aus elf festen Mitarbeitern sowie 30 Bloggern aus verschiedensten Bereichen. Nach anfänglichem Experimentieren hat sich ein zukunftsfähiges Monetarisierungsmodell mit dem Ziel der langfristigen und nachhaltigen Marktfähigkeit und der **finanziellen Selbstständigkeit gefunden.** Geplant ist, bis 2017/2018 den Break-Even Point zu erreichen.

7.4   Die Analyse des Falls

7.4.1   Art der Ausgründung

Die **Ubiquität von digitalen Medien** und die aktuellen Inhalte treiben die Substitution von Zeitungen voran. Dies führt zu einem veränderten Konsumverhalten von Zeitungsrezipienten. Als Reaktion auf die daraus resultierenden rückläufigen Umsätze im Zeitungsvertrieb, startet die MELO 2011 mit der Gründung der Media Carrier ihren digitalen Vertrieb.

Schnell wird allerdings klar, dass die reine Erweiterung des Pressevertriebs auf einen digitalen Absatzkanal nicht ausreicht. Die identifizierte Terra Incognita schließt die MELO Unternehmensgruppe mit der **Erstellung von eigenem digitalen Content im Rahmen der Gründung der Blogfabrik.** So steht der einzelne Kunde im Fokus der digitalen Transformation. Diese Kundenorientierung impliziert ein marktgetriebenes Spin-off.

Die Blogfabrik erschließt neue Bereiche und neues Know-how. Dabei stellen der Erhalt der bisherigen sowie der Gewinn einer neuen Zielgruppe für MELO eine große Herausforderung dar. Dabei ist das operative Tagesgeschäft der Blogfabrik durch **hohe Unabhängigkeit vom Mutterkonzern** geprägt, die strategische Einbindung in die Holding ist aktuell dennoch gegeben.

7.4.2   Interne Herausforderungen

Mit der Grundidee eines Co-Working-Space für Blogger eröffnet sich für den ehemaligen Pressegrossisten MELO ein völlig neues Terrain. Die Blogfabrik sieht sich dabei mit den klassischen First-Mover-Hindernissen konfrontiert. Beispielsweise sind hier Punkte wie der Aufbau eines Netzwerks an Bloggern sowie die Budget- und Zeitplanung für das Pilotprojekt aufzuführen. Ein **fehlender Vergleich von Planungszahlen** stellt hier die größte Herausforderung dar.

7.4.3   Externe Herausforderungen

Die externen Hindernisse entstehen vor allem aufgrund des neuartigen Konzepts, welches die Blogfabrik verfolgt. Da sie in einem für die MELO völlig neuem Marktumfeld agiert, gilt es sich mit Konkurrenten auseinander zu setzen und sich zu etablieren. Dabei ist die exakte **Identifikation der Konkurrenz** von hoher Bedeutung. So muss sich die Blogfabrik beispielsweise mit ihrem Bereich Agentur der Vielfältigkeit der Agenturlandschaft und deren Gegebenheiten hinsichtlich Ausschreibungen und Etatvergaben auseinandersetzen.

Für den ehemaligen Pressegrossisten und Quasimonopolisten ist diese Art der Konkurrenz bisher unbekannt und erfordert ein neues Vorgehen und Reagieren auf die Kundenanforderungen. Mit der Spezifizierung ihrer Dienstleistung hat die Blogfabrik eine **neue Nische** geschaffen, in welcher sie mit der fehlenden Vergleichbarkeit ihres speziellen Angebotes konfrontiert wird.

7.4.4   Faktoren des Erfolgs

Die Idee zur Ausgründung der Blogfabrik wird in der **obersten Führungsebene initiiert und vorangetrieben.** Somit ist das Spin-off durch die vorhandene **Risikobereitschaft** für den Eigenkapitaleinsatz geprägt. Mit der Ausgründung der Blogfabrik gelingt es der MELO, ihren bestehenden Kundenstamm aus dem Printbereich zu bewahren und gleichzeitig eine neue **zusätzliche Zielgruppe** zu erschließen, ohne dass diese sich substituieren. Die Blogfabrik profitiert hierbei von dem digitalen Know-how der Blogger, die dieses ihren Kunden in Form von Workshops näherbringen.

Die entscheidenden Erfolgsfaktoren sind somit die **Nutzeneffekte der Zusammenarbeit** mit den Bloggern. Diese fungieren zum einen als Experten und zum anderen als Kundenvermittler. Der **Standort Berlin,** eine Großstadt mit ausgeprägter Bloggerszene, trägt dabei erheblich zum Erfolg der Blogfabrik bei.

Zum Jahresabschluss 2017 rechnet die Blogfabrik erstmals mit schwarzen Zahlen. Ihr bisheriger Umsatzanteil an der MELO Unternehmensgruppe ist bislang noch sehr gering. Nach eigenen Aussagen erwartet man allerding einen rasanten Anstieg und die Möglichkeit zur starken Skalierung nach der Etablierung am Markt.

Zusammenfassung zur Erstellung eines individuellen Leitfadens

8

Zielsetzung war die Veranschaulichung der Ausgründung eines Spin-offs als Organisationskonzept zur Geschäftsmodellinnovation. Aus den vorangegangenen Kapiteln lässt sich für den speziellen Einzelfall ein situativer Leitfaden zur erfolgreichen Spin-off-Gründung ableiten.

Dazu wurden in Kap. 2 die beiden Möglichkeiten der **Geschäftsmodellinnovation** (als inkrementelle) Weiterentwicklung des bestehenden Geschäftsmodells sowie der völligen Neuentwicklung eines Geschäftsmodells kurz vorgestellt – für beide Möglichkeiten bietet sich das **Spin-off als Organisationskonzept** an.

In Kap. 3 wurden verschiedene **Modelle und Typen** von Spin-offs entwickelt. Diese Systematisierung bietet die Möglichkeit der Einordung der eigenen Situation beziehungsweise des eigenen Falls: Welches sind und wo liegen die Treiber für die Geschäftsmodellinnovation und die (etwaige) Ausgründungsentscheidung? Bestehen überhaupt alternative Handlungsmöglichkeiten?

In Kap. 4 wurde ein aus vier Phasen und zwei Meilensteinen bestehender idealtypischer **Spin-off-Prozess** dargestellt. Diesen gilt es an den jeweiligen individuellen Fall anzupassen, um dann bei der Ausgründung strukturiert vorgehen zu können.

Kap. 5 wurden Hinweise auf mögliche Herausforderungen und Hindernisse gegeben, die im Rahmen des Spin-off-Prozesses auftreten können. Um mit diesen aktiv umgehen und entsprechende Rahmenbedingungen gestalten zu können, wurden vier Kategorien von **Erfolgsfaktoren** vorgestellt, die im Rahmen der Spin-off-Gründung berücksichtigt werden sollten:

1. Beziehung zum Mutterunternehmen
2. Rahmenbedingungen am Standort

U. Eisenbeis et al., *Spin-off als Organisationskonzept*, essentials,
https://doi.org/10.1007/978-3-658-28524-1_8

3. Zusammensetzung des Management-/Gründerteams
4. Gestaltung des strategischen Verhaltens

Die beiden Fallstudien haben gezeigt, dass die zentralen treibenden Faktoren zur Spin-off-Gründung sowie die entscheidenden Erfolgsfaktoren durchaus unterschiedlich ausfallen können: Im Fall PONS GmbH als Spin-off der Klett Verlagsgruppe war der Markt der treibende Faktor der Ausgründung, das Zulassen von Unabhängigkeit des Spin-offs gegenüber der Mutterorganisation aber auch deren Unterstützung wichtig für den Erfolg. Im Fall der Blogfabrik GmbH & Co. KG als Spin-off der MELO Unternehmensgruppe war die Spin-off-Gründung insbesondere getrieben durch die Diversifikationsstrategie der Mutterorganisation. Eine hohe Risikobereitschaft wurde als wichtigster Erfolgsfaktor identifiziert.

Geschäftsmodellinnovation – ob inkrementell oder Neukonzeption – kann über das Organisationkonzept des Spin-offs nach einer entsprechenden situativen Einordnung sowie unter der Berücksichtigung zentraler Herausforderungen und der Erfolgsfaktoren gelingen. **Einordnungskriterien, Checklisten und Fallbeispiele** sollten dabei helfen. **Are You Ready To Spin?**

Was Sie aus diesem *essential* mitnehmen können

- Handlungs- und Gestaltungsoptionen, um die Ausgründung eines Spin-offs vorbereiten zu können
- Checklisten, um keine wichtigen Aspekte zu übersehen oder zu vergessen
- Praxisbeispiele, um den Spin-off Prozess verständlich und nachvollziehbar zu machen

© Springer Fachmedien Wiesbaden GmbH, ein Teil von Springer Nature 2020 39
U. Eisenbeis et al., *Spin-off als Organisationskonzept*, essentials,
https://doi.org/10.1007/978-3-658-28524-1

Literatur

Amit, R., & Muller, E. (1995). "Push" and "Pull" entrepreneurship. *Journal of Small Business & Entrepreneurship, 12*(4), 60–80.

Andersson, M., Baltzopoulos, A., & Lööf, H. (2012). R&D strategies and entrepreneurial spawning. *Research Policy, 41*(1), 54–68.

Bathelt, H., Kogler, D. F., & Munro, A. K. (2010). A knowledge-based typology of university spin-offs in the context of regional economic development. *Technovation, 30*(9–10), 519–532.

Benkenstein, M., & Holtz, M. (2003). Innovationsmanagement der Dienstleistungen von Medienunternehmen. In F. Habann (Hrsg.), *Innovationsmanagement in Medienunternehmen: Theoretische Grundlagen und Praxiserfahrungen* (S. 131–154). Wiesbaden: Gabler.

Benneworth, P., & Charles, D. (2005). University spin–off policies and economic development in less successful regions: Learning from two decades of policy practice. *European Planning Studies, 13*(4), 537–557.

Berglund, H., & Sandström, C. (2013). Business model innovation from an open systems perspective: Structural challenges and managerial solutions. *International Journal of Product Development, 18*(3/4), 274–285.

Bouncken, R. B., & Fredrich, V. (2016). Business model innovation in alliances: Successful configurations. *Journal of Business Research, 69*(9), 3584–3590.

Bruneel, J., Van de Velde, E., & Clarysse, B. (2013). Impact of the type of corporate spin-off on growth. *Entrepreneurship: Theory and Practice, 37*(4), 943–959.

Buenstorf, G. (2009). Opportunity spin-offs and necessity spin-offs. *International Journal of Entrepreneurial Venturing, 1*(1), 22–40.

Buenstorf, G., & Fornahl, D. (2009). B2C-bubble to cluster: The dot-com boom, spin-off entrepreneurship, and regional agglomeration. *Journal of Evolutionary Economics, 19*(3), 349–378.

Casadesus-Masanell, R., & Zhu, F. (2013). Business model innovation and competitive imitation: The case of sponsor-based business models. *Strategic Management Journal, 34*(4), 464–482.

Chesbrough, H. (2010). Business model innovation: Opportunities and barriers. *Long Range Planning, 43*(2–3), 354–363.

© Springer Fachmedien Wiesbaden GmbH, ein Teil von Springer Nature 2020   41
U. Eisenbeis et al., *Spin-off als Organisationskonzept,* essentials,
https://doi.org/10.1007/978-3-658-28524-1

Chesbrough, H., & Rosenbloom, R. S. (2002). The role of the business model in capturing value from innovation: Evidence from xerox corporation's technology spin-off companies. *Industrial and Corporate Change, 11*(3), 529–555.

Clarysse, B., Wright, M., Lockett, A., Van de Velde, E., & Vohora, A. (2005). Spinning out new ventures: A typology of incubation strategies from European research institutions. *Journal of Business Venturing, 20*(2), 183–216.

Cooper, A. C. (1985). The role of incubator organizations in the founding of growth-oriented firms. *Journal of Business Venturing, 1*(1), 75–86.

Dahlstrand, Å. L. (1997). Entrepreneurial spin-off enterprises in Göteborg, Sweden. *European Planning Studies, 5*(5), 659–673.

Dawson, C., & Henley, A. (2012). "Push" versus "Pull" entrepreneurship: An ambiguous distinction? *International Journal of Entrepreneurship & Research, 18*(6), 697–719.

Degroof, J. J., & Roberts, E. B. (2004). Overcoming weak entrepreneurial infrastructures for academic spin-off ventures. *The Journal of Technology Transfer, 29*(3/4), 327–352.

Eisenbeis, U. (2018). Relevant locational factors for creative industries startups. Selected findings from an empirical study on stakeholder perspectives in the greater region of Stuttgart. In E. Innerholfer, H. Pechlaner, & E. Borin (Hrsg.), *Entrepreneurship in culture and creative industries. Perspectives from companies and regions* (S. 281–296). Cham: Springer International Publishing.

Eisenbeis, U., Bohne, A., & Döhnert, M. (2018). *StartOrt Kreativwirtschaft. Relevante Standortfaktoren zur Entwicklung eines Startup-Ökosystems (in der Region Stuttgart)* (2. Aufl.). Köln: Bundesanzeiger Verlag.

Elpida, S., Galanakis, K., Bakouros, I., & Platias, S. (2010). The spin-off chain. *Journal of Technology Management and Innovation, 5*(3), 51–68.

Eriksson, T., & Moritz Kuhn, J. (2006). Firm spin-offs in Denmark 1981–2000 – Patterns of entry and exit. *International Journal of Industrial Organization, 24*(5), 1021–1040.

Feldman, J. M., & Klofsten, M. (2000). Medium-sized firms and the limits to growth: A case study in the evolution of a spin-off firm. *European Planning Studies, 8*(5), 631–650.

Feng, Y., Nandy, D. K., & Tian, Y. S. (2015). Executive compensation and the corporate spin-off decision. *Journal of Economics and Business, 77*(1), 94–117.

Frenkel, A., Israel, E., & Maital, S. (2015). The evolution of innovation networks and spin-off entrepreneurship: The case of RAD. *European Planning Studies, 23*(8), 1646–1671.

Gassmann, O., Frankenberger, K., & Csik, M. (2013). *Geschäftsmodelle entwickeln. 55 innovative Konzepte mit dem St. Galler Business Model Navigator*. München: Hanser.

Gilbert, D. H., Smith, A. C. T., & Sutherland, F. (2015). Osmotic strategy: Innovating at the core to inspire at the edges. *Organizational Dynamics, 44*(3), 217–225.

Gilsing, V. A., van Burg, E., & Romme, A. G. L. (2010). Policy principles for the creation and success of corporate and academic spin-offs. *Technovation, 30*(1), 12–23.

Grandi, A., & Grimaldi, R. (2005). Academics' organizational characteristics and the generation of successful business ideas. *Journal of Business Venturing, 20*(6), 821–845.

Hemer, J., Berteit, H., Walter, G., & Göthner, M. (2006). *Erfolgsfaktoren für Unternehmensausgründungen aus der Wissenschaft*. Studien zum deutschen Innovationssystem Nr. 05-2006, Berlin.

Jiebing, W., Bin, G., & Yongjiang, S. (2013). Customer knowledge management and IT-enabled business model innovation: A conceptual framework and a case study from China. *European Management Journal, 31*(4), 359–372.

Johnson, M. W., Christensen, C. M., & Kagermann, H. (2008). Reinventing your business model. *Harvard Business Review, 86*(12), 57–68.

Lambert, S. C., & Davidson, R. A. (2013). Applications of the business model in studies of enterprise success, innovation and classification: An analysis of empirical research from 1996 to 2010. *European Management Journal, 31*(6), 668–681.

Lin, P. (2006). Strategic spin-offs of input divisions. *European Economic Review, 50*(4), 977–993.

Link, A. N., & Scott, J. T. (2005). Opening the ivory tower's door: An analysis of the determinants of the formation of U.S. university spin-off companies. *Research Policy, 34*(7), 1106–1112.

Lockett, A., Siegel, D., Wright, M., & Ensley, M. D. (2005). The creation of spin-off firms at public research institutions: Managerial and policy implications. *Research Policy, 34*(7), 981–993.

Markides, C. (2006). Disruptive innovation: In the need for better theory. *Journal of Product Innovation Management, 23*(1), 19–25.

Maseli, A. (1997). *Spin-offs zur Durchführung von Innovationen. Eine Analyse aus institutionen-ökonomischer Sicht.* Wiesbaden: Deutscher Universitätsverlag.

Michl, T., Gold, B., & Picot, A. (2013). Managing strategic ambidexterity: The spin-along approach. *International Journal of Technology Management, 61*(1), 47–63.

Mitchell, D., & Coles, C. (2003). The ultimate competitive advantage of continuing business model innovation. *Journal of Business Strategy, 24*(5), 15–21.

Ndonzuau, F. N., Pirnay, F., & Surlemont, B. (2002). A stage model of academic spin-off creation. *Technovation, 22*(5), 281–289.

Nicolaou, N., & Birley, S. (2003). Academic networks in a trichotomous categorisation of university spinouts. *Journal of Business Venturing, 18*(3), 333–359.

Osterwalder, A., & Pigneur, Y. (2011). *Business Model Generation: Ein Handbuch für Visionäre, Spielveränderer und Herausforderer.* München: Campus.

Parhankangas, A., & Arenius, P. (2003). From a corporate venture to an independent company: A base for a taxonomy for corporate spin-off firms. *Research Policy, 32*(3), 463–481.

Petroni, G., Venturini, K., & Verbano, C. (2012). Open innovation and new issues in R&D organization and personnel management. *International Journal of Human Resource Management, 23*(1), 147–173.

Petry, T. (2016). *Digital Leadership – Erfolgreiches Führen in Zeiten der Digital Economy.* Freiburg: Haufe-Lexware.

Prezas, A. P., & Simonyan, K. (2015). Corporate divestitures: Spin-offs vs. Sell-offs. *Journal of Corporate Finance, 34*, 83–107.

Rocha, V., Carneiro, A., & Varum, C. (2015). What explains the survival gap of pushed and pulled corporate spin-offs? *Economics Letters, 126*, 127–130.

Rohrbeck, R., Döhler, M., & Arnold, H. (2009). Creating growth with externalization of R&D results – The spin-along approach. *Global Business and Organizational Excellence, 28*(4), 44–51.

Sapienza, H. J., Parhankangas, A., & Autio, E. (2004). Knowledge relatedness and post-spin-off growth. *Journal of Business Venturing, 19*(6), 809–829.

Schuh, G., & Klappert, S. (2011). *Technologiemanagement. Handbuch Produktion und Management*. Heidelberg: Springer.

Semadeni, M., & Canella, A. (2011). Examining the performance effects of post spin-off links to parent firms: Should the apron Strings be cut? *Strategic Management Journal, 32*(10), 1083–1098.

Simmons, G., Palmer, M., & Truong, Y. (2013). Inscribing value on business model innovations: Insights from industrial projects commercializing disruptive digital innovations. *Industrial Marketing Management, 42*(5), 744–754.

Smilor, R. W., Gibson, D. V., & Dietrich, G. B. (1990). University spin-out companies: Technology start-ups from UT-Austin. *Journal of Business Venturing, 5*(1), 63–76.

Sorescu, A., Frambach, R. T., Singh, J., Rangaswamy, A., & Bridges, C. (2011). Innovations in retail business models. *Journal of Retailing, 87*(1), 3–16.

Sosna, M., Trevinyo-Rodríguez, R. N., & Velamuri, S. R. (2010). Business model innovation through trial-and-error learning: The naturhouse case. *Long Range Planning, 43*(2–3), 383–407.

Souto, J. E. (2015). Business model innovation and business concept innovation as the context of incremental innovation and radical innovation. *Tourism Management, 51*, 142–155.

Spieth, P., Schneckenberg, D., & Ricart, J. E. (2014). Business model innovation – State of the art and future challenges for the field. *R&D Management, 44*(3), 237–247.

Steffensen, M., Rogers, E. M., & Speakman, K. (2000). Spin-offs from research centers at a research university. *Journal of Business Venturing, 15*(1), 93–111.

Van Geenhuizen, M., & Soetanto, D. P. (2009). Academic apin-offs at different ages: A case study in search of key obstacles to growth. *Technovation, 29*(10), 671–681.

Van Geenhuizen, M., & Soetanto, D. P. (2013). Benefitting from learning networks in "open innovation": Spin-off firms in contrasting city regions. *European Planning Studies, 21*(5), 1–17.

Velu, C. (2015). Business model innovation and third-party alliance on the survival of new firms. *Technovation, 35*(1), 1–11.

Vohora, A., Wright, M., & Lockett, A. (2004). Critical junctures in the development of university high-tech spinout companies. *Research Policy, 33*(1), 147–175.

Walter, A., Auer, M., & Ritter, T. (2006). The impact of network capabilities and entrepreneurial orientation on university spin-off performance. *Journal of Business Venturing, 21*(4), 541–567.

Wirtz, B. W., et al. (2016). Business models: Origin, development and future research perspectives. *Long Range Planning, 49*(1), 36–54.

Wright, M., Clarysse, B., & Mosey, S. (2012). Strategic entrepreneurship, resource orchestration and growing spin-offs from universities. *Technology Analysis & Strategic Management, 24*(9), 911–927.

Wright, M., Lockett, A., Clarysse, B., & Binks, M. (2006). University spin-out companies and venture capital. *Research Policy, 35*(4), 481–501.